Manz-Lernhilfen

Wilhelm Eggerer – Egon Mayer

Aufsatzformen der Mittelstufe

Band II:

Schüleraufsätze in der Sachsprache

Manz Verlag München

Ausgewählt und besprochen von

Wilhelm Eggerer, Gymnasialprofessor
Egon Mayer, Gymnasialprofessor

Der vorliegende Band wird ergänzt durch „Aufsatzformen der Mittelstufe" Band 1: Schüleraufsätze in der Erlebnissprache (Manzbuch 202).

3., überarbeitete Auflage 1973

Manzbuch 203

 · Umschlagentwurf: Ingeburg Rothemund, München · Hergestellt in den verlagseigenen Betrieben Dillingen/Donau · Printed in Germany
ISBN 3-7863-0203-0

Inhaltsverzeichnis

Vorwort

Den meisten Schülern fehlt die Möglichkeit, die Aufsätze anderer Schüler zu lesen und mit den eigenen Arbeiten zu vergleichen. Gerade aus einem solchen Vergleich könnten aber Schüler mit schwachen Leistungen im Deutschen Aufsatz ihre eigenen Fehler besser erkennen. Da wir bekanntlich den „Splitter im Auge des Nächsten" schneller sehen als den „Balken im eigenen Auge", erfassen die Schüler die Schwächen im Aufsatz eines anderen viel schneller als die im eigenen Aufsatz. Und aus den erkannten Fehlern des anderen sollen sie lernen.

Wenn auch auf der Mittelstufe die Mithilfe der Eltern beim Aufsatzschreiben erheblich nachläßt, so wollen die Eltern doch wissen, warum ihre Tochter oder ihr Sohn im Aufsatz eine schlechte Note bekommen hat. Wie ist das mit der Aufsatzform, die angeblich verfehlt wurde? Ist die Aufsatzform denn so wichtig? Haben die anderen Schüler die Aufsatzform eingehalten? Was für Forderungen werden denn gestellt? – Auch den Eltern fehlen die Vergleichsmöglichkeiten mit den Arbeiten anderer Schüler.

In der vorliegenden Sammlung von Schüleraufsätzen legen wir deshalb zu jeder Aufsatzform Beispiele vor, wie sie jeden Tag in der Schule geschrieben werden. Sie sind keine „Musteraufsätze", die nachgeahmt werden sollen, sondern Arbeiten, wie sie jeder Schüler schreiben kann, auch wenn er kein besonders begabter Aufsatzschreiber ist.

Bewußt haben wir auch recht durchschnittliche Aufsätze aufgenommen und die guten Aufsätze mit all ihren Mängeln abgedruckt. Der Schüler soll beim Lesen dieser Aufsätze sich sagen können: „Das kann ich auch!" – Er soll erkennen, was an dem betreffenden Aufsatz gut, also nachahmenswert, ist und was mangelhaft ist, damit er diese Fehler in den eigenen Aufsätzen vermeidet.

Um die Beurteilung zu erleichtern und für die eigene Arbeit nutzbar zu machen, sind Bemerkungen, Fragen und Aufgaben angefügt. Den größten Nutzen hat der Schüler, der diese Fragen und Aufgaben selbständig löst und dann erst im Lösungsteil nachschlägt, welche Hinweise dort gegeben werden. Wir haben aber darauf verzichtet, alle Mängel aufzuzeigen, einmal um dem Leser die Freude des Selbstentdeckens zu schenken, und andererseits, um nicht den Eindruck zu erwecken, schulmeisterlich alles besser machen zu wollen. Wir haben bei der Besprechung nie vergessen, daß wir Schüleraufsätze vorlegen wollen.

Diese Original-Schüleraufsätze stammen von Mädchen und Jungen aus verschiedenen Klassen der Mittelstufe und aus verschiedenen Schulen. Wir änderten in den Aufsätzen, aus verständlichen Gründen, nur persönliche Angaben, vor allem die Namen.

Auch das Aufsatzschreiben kann erlernt werden, selbstverständlich in gewissen Grenzen der Begabung. Aber jeder Schüler, der fähig ist, ein Gymnasium zu besuchen, muß auch bei entsprechender Anleitung in der Lage sein, einen brauchbaren Aufsatz zu schreiben. Dieser neue Weg der häuslichen Lernhilfe und Selbsthilfe soll zeigen, wie auch das Aufsatzschreiben zu erlernen ist. Viel Erfolg!

Wilhelm Eggerer *Egon Mayer*

Übersicht über die Aufsatzformen der Mittelstufe

in der Erlebnissprache *(Band I)*	in der Sachsprache *(Band II)*
Erlebnisschilderung Naturschilderung Stimmungsbild	Lebenslauf Gesuch, Bewerbungsschreiben
Menschenschilderung Charakteristik	Niederschrift Bericht Inhaltsangabe
Bildbetrachtung Bilddeutung	Beschreibung von Vorgängen, Räumen usw.
	Erklärung von Redensarten und Sprichwörtern Erörterung, Besinnungsaufsatz

Sachliches Schreiben im Schriftverkehr

Den Aufsatzformen, die in der Erlebnissprache geschrieben werden, stehen die Aufsatzformen in der Sachsprache gegenüber. Um den Unterschied zwischen Erlebnis- und Sachsprache besonders deutlich zu machen, beginnt diese Sammlung von Schüleraufsätzen mit der Darstellung der sogenannten sachlichen Schreiben, die als Vorbereitung auf das Berufsleben in der Schule geübt werden:
Lebenslauf – Gesuch – Bewerbungsschreiben.

Lebenslauf

Für die Abfassung des Lebenslaufes gelten folgende Richtlinien:

1. Familienverhältnisse:
   a) Familienname und Vornamen des Bewerbers (Rufnamen unterstreichen),
   b) Geburtszeit und Geburtsort (ggf. mit Angabe des Kreises oder Landes),
   c) Name und Beruf des Vaters und der Mutter (mit deren Mädchennamen), bei Waisen auch Namen und Wohnung des Vormunds,
   d) Staatsangehörigkeit, falls es sich nicht um die deutsche handelt; die Angabe des Bekenntnisses ist freigestellt.
2. Bildungsweg:
   a) Schulbesuch: Name und Art der Schulen, Dauer des Schulbesuches, Art der Abschlußprüfung;
   b) außerschulische Weiterbildung: Kurse, Volkshochschule.
3. Besondere Neigungen und Kenntnisse:
   Lieblingsfächer, Hobbys, Betätigung im Sport und dergleichen.
4. Berufsweg:
   Beim Lebenslauf des Schülers entfällt dieser Punkt. Er kann ersetzt werden durch eine Angabe über das Berufsziel.

Bei der äußeren Form des Lebenslaufes ist zu beachten:

1. Der Lebenslauf muß in Handschrift abgefaßt werden.
2. Er muß fehlerfrei und ohne Korrekturen geschrieben werden.
3. Er wird auf ein Blatt vom Format DIN A 4 geschrieben.
4. Als Überschrift wird nur darübergesetzt „Lebenslauf".
5. Die Unterschrift darf nicht fehlen, eine Höflichkeitsformel entfällt.
6. Der Lebenslauf soll in kurzen, übersichtlichen Sätzen abgefaßt werden.

Gelegentlich wird auch die Abfassung des Lebenslaufes in Stichworten verlangt. Dafür bringen wir ein Beispiel.

Gesuch

Das G e s u c h ist meist ein Schreiben an eine Behörde, etwa um Verlängerung einer Frist o. ä.

Zu beachten ist, daß sich der Schreiber an eine Dienststelle und nicht an einen einzelnen Beamten wendet, daß er also auf eine Anrede verzichten kann. Nicht zu vergessen sind: Absenderangaben, Datum, Anschrift, Betreff, Unterschrift, Heftrand.

Der Schreiber, der den sachlichen Schreibstil geübt hat, wird keine besonderen Schwierigkeiten bei der Abfassung eines Gesuches haben. Er wird vor allem nicht in den Fehler verfallen, Gefühlsäußerungen und persönliche Bemerkungen in einem sachlichen Gesuch unterzubringen.

Bewerbungsschreiben

Das B e w e r b u n g s s c h r e i b e n ähnelt in seiner äußeren Form dem Gesuch. Der Inhalt richtet sich nach der Art der Bewerbung. Es ist zu bedenken, daß der Bewerber etwas erreichen will – daß er dies in höflicher Form tun wird, aber nicht unterwürfig – daß er sein Wissen und Können betonen soll, aber nicht übertrieben oder gar unwahr darstellen darf.

Ein Bewerbungsschreiben muß enthalten:

1. Name und Anschrift des Absenders,
2. Ort und Datum,
3. Anschrift des Empfängers,

4. Betreff, Bezugnahme,
5. die Bewerbung selbst,
6. Angabe von Gründen für die Bewerbung,
7. Hinweis auf beigefügte Zeugnisse,
8. Angabe von Personen, die Auskunft geben können,
9. persönliche Zusicherungen,
10. die Bitte, sich vorstellen zu dürfen,
11. höfliche, aber nicht untertänige Schlußformel,
12. Unterschrift,
13. Verzeichnis der Anlagen.

[1a] Lebenslauf

Ich, Michael Anton Bürger, wurde geboren am 5. Juli 1954 in München als einziger Sohn des Maschinenbauingenieurs Anton Bürger und seiner Ehefrau Luise, geborene Maier. Ich bin römisch-katholisch und deutscher Staatsangehörigkeit.

Vom 6. bis zum 10. Lebensjahr besuchte ich die Volksschule in Pullach, unserem damaligen Wohnort. Am 1. September 1963 trat ich in das ... Gymnasium in München ein. Zur Zeit besuche ich die 9. Klasse und habe vor, an der hiesigen Schule die Reifeprüfung abzulegen.

Meine Lieblingsfächer sind Mathematik und Physik. Ich beschäftige mich auch in meiner Freizeit mit diesen Wissenschaften. Mein Ziel ist, an der Technischen Hochschule ein Studium der Ingenieurwissenschaften durchzuführen.

Michael A. Bürger

Aufgabe:

Schreibe deinen persönlichen Lebenslauf unter Berücksichtigung des vorstehenden Musters!

[1b] Lebenslauf in Stichwörtern:

Name:	Michael Anton Bürger
Geburtstag:	5. Juli 1954
Geburtsort:	München

Staatsangehörigkeit:	deutsch
Glaubensbekenntnis:	röm.-kath.
Eltern:	Anton Bürger, Maschinenbauingenieur Luise Bürger, geb. Maier, Hausfrau
Schulbildung:	1. mit 4. Klasse Volksschule Pullach; 5. Klasse bis zur jetzigen 9. Klasse . . . -Gymnasium München voraussichtlicher Schulabschluß im Juli 1973 mit der Reifeprüfung
Lieblingsfächer:	Mathematik, Physik
Bes. Neigungen:	Leichtathletik
Berufsziel:	Diplomingenieur

Michael A. Bürger

[2] **Lebenslauf**

Ich, Jürgen Bauer, der Schreiber dieses Lebenslaufes, bin vor 15 Jahren, genauer genommen am 13. Mai 1953, in Berlin geboren. Mein Vater ist Buchdrucker und heißt Josef Bauer, meine Mutter ist eine geborene Blank. Kaum war ich 3 Jahre alt, als wir nach Regensburg übersiedelten. Wir mußten unser Häuschen am Stadtrand von Berlin verlassen. In Regensburg wohnten wir in einer Zweieinhalbzimmerwohnung mitten in der Stadt. Bald darauf bekam ich einen Bruder; das war im September 1957.

Mit 6 Jahren ging ich in die Volksschule, und drei Jahre später begann auch für meinen Bruder die Schulpflicht. Ich kam nach der 5. Klasse in das Gymnasium, wo ich bis heute blieb. Ich wurde bis jetzt jedes Jahr versetzt.

Meine Hobbys sind Fußball und Reisen. Ich will einmal Maler werden.

Jürgen Bauer

FRAGE:

Gegen welche Richtlinien für die Abfassung eines Lebenslaufes verstößt obige Arbeit?

AUFGABE:

Verbessere diesen Lebenslauf nach den Angaben, die dieser Schreiber gemacht hat!

Alfred Heß

München 90, 7. 5. 19 . .
Mangfallplatz 5

An das
Personalbüro des AGFA-Camerawerkes
8000 München 90
Tegernseer Landstr. 161

Betr.: Bewerbung um eine Praktikantenstelle

Durch das Arbeitsamt habe ich erfahren, daß Sie im Herbst dieses Jahres Praktikanten für die Feinmechanik einstellen werden. Ich möchte mich bei Ihnen deshalb als Anwärter bewerben mit der Absicht, bei Ihnen ein einjähriges Praktikum abzulegen.
Am Ende dieses Schuljahres werde ich die 10. Klasse des . . . -Gymnasiums verlassen und will in das Berufsleben übertreten. Während der letzten Schuljahre hatte ich ein besonderes Interesse an den mathematischen Fächern, wie Algebra und Geometrie, in denen ich gute Leistungen erzielte. Auch für Physik habe ich eine besondere Neigung.
Ich bitte Sie um wohlwollende Prüfung meiner Bewerbung. Für eine Gelegenheit, mich bei Ihnen persönlich vorzustellen, wäre ich Ihnen sehr dankbar.

Hochachtungsvoll
Alfred Heß

Anlagen:
Lebenslauf,
Zeugnisabschrift

Aufgabe:

Schreibe ein Bewerbungsschreiben, das deinen persönlichen Berufswünschen entspricht!

Niederschrift

Niederschriften oder Protokolle sind sachliche Schreiben, die über die Schulzeit hinaus in vielen Berufen tägliche Notwendigkeit sind. Die Niederschrift einfacher Art, z. B. über Teile von Unterrichtsstunden, ist Vorbereitung auf die größeren Niederschriften über Unterrichtsgespräche, Schülervorträge und Diskussionen. Sie ist nicht ein wörtliches Protokoll wie die Niederschriften vor Gericht und im Landtag, sondern eine zusammenfassende Niederschrift über das Wesentliche. Sie muß in der sachlichen Sprache des Berichts abgefaßt werden, der Protokollführer darf selbstverständlich nicht seine eigene Meinung, seinen etwaigen Mißmut oder seine Freude über irgendein Vorkommnis zum Ausdruck bringen.

Die Niederschrift verlangt vom Schreiber besondere Gewandtheit im Ausdruck und in der Sprachlehre, da er meist die Äußerungen anderer Personen wiederzugeben und deshalb oft den Konjunktiv zu verwenden hat.

Als zusammenfassende Niederschrift oder als Erinnerungsprotokoll kann sie in der Vergangenheitsform (Präteritum) abgefaßt werden, als fortlaufende Niederschrift, die den Ablauf genau festhält, wird sie besser in der Gegenwartsform (Präsens) geschrieben.

[4] **Niederschrift der Deutschstunde vom 16. 9. 19 . . , Kl. 10b**

Fehlende Schüler:	Groß, Klein
Schriftführer:	Schwarz
Thema der Stunde:	Aufsatzformen der Mittelstufe

Die Deutschstunde begann mit der Verlesung der Niederschrift vom 14. 9. 19 . . Es wurden einige Mängel in dieser Niederschrift festgestellt und dabei die allgemeinen Richtlinien für Niederschriften noch einmal bekanntgegeben. Die heutige Deutschstunde galt einem

Überblick über die Aufsatzformen. Zu Beginn des neuen Schuljahres und zu Beginn der 10. Klasse gab uns unser Deutschlehrer einen Überblick über die bisher behandelten Aufsatzformen und über die Aufsatzarten, die in diesem Schuljahr verlangt werden.

In einer allgemeinen Aussprache wurden zuerst die Aufsatzformen der Unterstufe kurz in die Erinnerung zurückgerufen. Dabei wurde festgestellt, daß bereits in der Unterstufe die Aufsätze sich in zwei große Gruppen gliedern lassen, die Aufsätze in der Erlebnissprache und die Aufsätze in der Sachsprache. In der 5. Klasse waren es vor allem die Aufsatzformen in der Erlebnissprache: Erlebniserzählung, Phantasieerzählung. Dazu kam die Nacherzählung als Anfang der Aufsatzerziehung. Schon in der 6. Klasse wurde dann unterschieden zwischen der Erlebniserzählung und Phantasieerzählung auf der einen Seite und dem Bericht in der Sachsprache. In der 7. Klasse wurde dann dies ausgedehnt auf die erhöhten Anforderungen in der Erlebnissprache, also in der Erlebniserzählung, und die erhöhten Anforderungen in der Sachsprache, z. B. im Bericht und in der Beschreibung von Gegenständen, Vorgängen und Bildern. Dazu kam bereits in der 7. Klasse, also noch auf der Unterstufe, die Inhaltsangabe.

In der Mittelstufe, in der 8., 9. und 10. Klasse, werden in der Erlebnissprache folgende Aufsatzarten geschrieben: Erlebnisschilderung, Stimmungsbild, weiter die Menschenschilderung und die Charakteristik, die Bildbetrachtung, die zur Bilddeutung, also zur Interpretation, führen kann. Schließlich können noch Interpretationsversuche an Gedichten durchgenommen werden.

In der Sachsprache werden auf der Mittelstufe nach den Lehrplänen besprochen und geübt: Lebenslauf, Gesuch und Bewerbungsschreiben, dazu kommen die Niederschrift, der Bericht und die Inhaltsangabe; eine andere Gruppe von Aufsätzen bilden die Beschreibungen von Vorgängen, Räumen usw. Schließlich behandelt man in der 10. Klasse Aufsatzformen, die man allgemein als Erörterung bezeichnen kann. Dazu rechnen wir die Erklärung von Redensarten und Sprichwörtern, die reine Erörterung von Themen des täglichen Lebens und die Fachaufsätze, vor allem aus der Literatur.

In einer lebhaften Aussprache wurden die einzelnen Aufsatzformen der Mittelstufe uns zum Teil ins Gedächtnis zurückgerufen, zum Teil neu erklärt. Es wurde festgelegt, daß in der 10. Klasse vor allem die

Erörterung ihren wichtigsten Platz hat. Es ist dies das Erörtern von Fragen, die aus der Auseinandersetzung mit der Umwelt oder aus der Lektüre erwachsen. Der Fachaufsatz behandelt vor allem literarische Themen einfacher Art. Die Inhaltsangabe ist uns bereits bekannt von der 8. und 9. Klasse. Die Niederschrift wird auch in der 10. Klasse geübt werden müssen, selbstverständlich mit erhöhten Anforderungen. Dazu kommen die Charakteristik als Versuch, fremde Eigenart zu verstehen, und Interpretationsversuche an Gedichten und Bildern. Das Stimmungsbild in der 10. Klasse gilt als Fortführung der stimmungshaltigen Schilderung.

Auf die Frage eines Schülers, warum in der 10. Klasse noch einmal der Lebenslauf und die Bewerbungsschreiben geübt werden müssen, antwortete der Deutschlehrer mit dem Hinweis auf die praktische Notwendigkeit für Schüler, die beabsichtigen oder gezwungen sein könnten, nach der 10. Klasse mit der Mittleren Reife den Schulbesuch zu beenden.

Der Deutschlehrer stellte dann die Aufgabe, bis zur nächsten Stunde eine Übersicht der Aufsatzformen in der Mittelstufe, getrennt nach Erlebnissprache und Sachsprache, in das Heft zu schreiben. Eine kurze Charakterisierung der Anforderungen in den einzelnen Aufsatzformen wurde der freiwilligen Arbeit zugewiesen. Mit der Erklärung dieser Aufgabe schloß die Deutschstunde.

Fritz Schwarz

Frage:

Was ließe sich bei dieser Niederschrift verbessern?

Aufgabe:

Verbessere die Mängel dieser Niederschrift!

[5] Niederschrift der Klassenleiterstunde am 2. 2. 19 . . , Kl. 8 a

Fehlende Schüler: Müller, Maier, Klein
Schriftführer: Obermüller

Die Stunde begann damit, daß drei Schüler meldeten, daß sie ihre Hausaufgaben vergessen hätten. Dies veranlaßte den Klassenlehrer zu der Bemerkung, daß die Klasse sich zur Zeit in einem Zustand der

Auflösung befinde und daß er nicht sehr von ihr angetan sei. Er kam dann auf die Zeugnisse zu sprechen, die am Vortag ausgegeben worden waren.

Die Zeugnisse seien zum Teil schlecht ausgefallen, weil einzelne zu wenig arbeiteten und zu oft dem Unterricht fernblieben. Manche Schüler würden mit dem sogenannten Zweiten Bildungsweg liebäugeln, als wenn sie sich erhofften, daß auf diesem Weg das Abitur leichter zu erhalten sei als auf dem normalen Weg. Der Klassenleiter schilderte anschaulich, wie schwierig es sei, nach einem Arbeitstag noch die Unterrichtsstunden abzuleisten, für die der Gymnasiast auf dem normalen Bildungsweg den Tag zur Verfügung habe. Es sei unsinnig, davon eine Erleichterung zu erwarten. Viele seien davon bereits enttäuscht worden, und nur die Tüchtigsten und die, denen es wirklich ernst sei, würden den schwierigen Zweiten Bildungsweg durchhalten. Schüler, die die Möglichkeit haben, in ein normales Gymnasium zu gehen, sollten diese Möglichkeit auch ausnutzen.

Dann erklärte der Klassenleiter die verschiedenen Zeugnisbemerkungen, die wir am Tag vorher in den Zeugnissen vorgefunden hatten. Die Bemerkung „Vorrücken sehr gefährdet" bedeute, daß der Schüler mit dem Ergebnis des Zwischenzeugnisses am Jahresschluß nicht vorrücken dürfe. Die Bemerkung „Vorrücken gefährdet" bedeute, daß bei einer Verschlechterung in einem zweiten Fach das Vorrücken am Ende des Jahres nicht gestattet werden könne. Die Bemerkung „Leistungen dürfen nicht absinken" besage, daß der Schüler zwar nicht die Note 5, aber mehrmals nur zur Not die Note „Ausreichend" bekommen habe.

In diesem Zusammenhang wies der Klassenleiter auf den § 21 der Bayer. Schulordnung hin, nach dem das Wiederholen in einigen Fällen nicht mehr erlaubt sei. Er ging auf diese Besonderheiten noch ein und erklärte sie.

Der Klassenleiter forderte uns auf, das zweite Halbjahr besser zu nützen als das erste Halbjahr.

Dann ging er auf die Versäumnislisten ein. Er wies darauf hin, daß es an sich eine unangenehme Sache sei, Schüler durch Zwang daran zu hindern, daß sie die Schule schwänzen. Die Versäumnislisten müßten aber überprüft werden, um willensschwachen Schülern einen Halt zu geben. Man sei sich bewußt, daß bei der Strenge, die dabei notwendig sei, gelegentlich ein Schüler scharf angefaßt werden müsse. Am Beispiel eines Schülers der Klasse zeigte der Klassenleiter auf, daß auch kleinere, in den Augen des Schülers oft unbedeutende Vergehen schon bestraft werden müßten. Der Schüler ... hatte am Tag zuvor die Schule vorzeitig verlassen, da er sich nicht wohl fühlte. Er hatte es jedoch versäumt, sich auf dem Sekretariat befreien zu lassen, weil er sonst seinen Zug versäumt hätte. Der Klassenleiter machte uns klar, wie schwer es sei, einen solchen Fall richtig zu beurteilen. Einerseits möchte man einem Schüler, der wirklich krank sei, keine Vorwürfe machen, andererseits stelle sich oft heraus, daß man zuviel Vertrauen gezeigt habe, das dann mißbraucht worden sei.

Anschließend beantwortete der Klassenleiter Fragen einzelner Schüler über die Zeugnisnoten. Er erklärte, wie die einzelnen Noten festgestellt werden. Jeder Fachlehrer berechne aus den Schulaufgabennoten und den mündlichen Noten die Zeugnisnoten. Der Klassenleiter prüfe diese Note nach und spreche mit dem betreffenden Lehrer, falls er über eine Note im Zweifel sei. Dann schlage der Klassenleiter die Gesamtnote für Fleiß und Betragen vor. Alle Noten und alle Zeugnisbemerkungen würden in eine Liste eingetragen, die auf dem Direktorat überprüft werde. In der Lehrerratssitzung trage dann jeder Klassenlehrer die Noten und Umstände der Schüler vor, die gefährdet erscheinen. Erst nach einer weiteren Überprüfung werde das Zeugnis geschrieben. Zusammen mit einem Kollegen überprüfe der Klassenleiter das Zeugnis dann ein letztes Mal durch Vergleich mit den Notenlisten.

Damit endete die Klassenleiterstunde.

Otto Obermüller
Schriftführer

FRAGE:

Gibt diese Niederschrift den Verlauf der Stunde ausführlich genug wieder, so daß du weißt, was im Unterricht geschah?

AUFGABE:

Vergleiche deine Niederschrift einer Unterrichtsstunde mit der Niederschrift eines Klassenkameraden!

Bericht

Im Bericht, einer der wichtigsten Aufsatzarten der sachlichen Darstellung, soll der Schüler in sachlicher Sprache über Tagesereignisse, Veranstaltungen, Ausstellungen und Theaterbesuche berichten. Das eigene Erleben des Schülers tritt zurück hinter der rein sachlichen Darstellung. Der Leser soll einen Sachverhalt ganz genau erfahren, der Schreiber will belehren und erklären. Der Bericht will nicht unterhalten wie die Erlebniserzählung und will nicht ein Erlebnis vermitteln wie die Schilderung oder das Stimmungsbild. Der Bericht wird in der Vergangenheitsform (im Präteritum) geschrieben.

Die häufigsten Fehler beim Bericht sind:

1. Der Schreiber kommt ins Erzählen oder Schildern, d. h. er kann seine Gefühlsregungen nicht unterdrücken.
2. Die richtige Reihenfolge wird nicht eingehalten.
3. Es wird ungenau oder gar falsch berichtet.
4. Die sprachliche Darstellung ist unklar oder eintönig.

[6] Wir schlugen ein Zelt auf

Im letzten Sommer zelteten wir, mein Bruder, mein Freund und ich, in Uffing am Staffelsee. Nach der Ankunft *machten* wir zuerst eine *ebene Rasenstelle,* auf der wir das Zelt aufbauen konnten, ohne daß dabei das Gestänge verbogen wurde. Als wir eine solche *gefunden* hatten, stellten wir zuerst das Dachgestänge auf, indem ich *jeweils* ein Eckdreieck, das aus drei aufsteckbaren kleinen Röhren besteht, mit einer *Stange der Breite* und einer *Stange der Höhe* verband. Danach nahmen mein Freund und ich *jeweils ein* Eckdreieck, und wir steckten beide an den Breitenstangen zusammen. Das wiederholte sich bei den anderen zwei Ecken. Die nun erhaltenen zwei Breitengestänge verbanden wir miteinander jeweils mit drei Längenstangen an den zwei Seiten. Das Dachgestänge war fertig. Darauf warf ich mit Hilfe meines Bruders die Zeltbahn darüber und hängte die vier Ösen der Dachecken an den Stiften der Eckdreiecke ein. Nun *strichen wir die teils am Boden liegende Zeltbahn glatt.* Als nächstes erhöhten wir das Zelt durch Aufstecken weiterer vier *Röhren* an den Höhenstangen. *Darauf galt es,* die Zeltbahn auszuspannen. Mein Bruder rief nach den Heringen, die mein Freund auch sofort brachte. Zu dritt machten wir uns an die Arbeit. Zuerst spannten wir das Zelt an den vier Ecken aus; darauf an den vier Seiten. Als *alles straff gespannt* war, klappten wir die durch Reißverschlüsse zu öffnende Vorderseite auf das Dach und trugen das Innenzelt hinein. Während mein Freund und ich das Innenzelt am Boden ausbreiteten, stieß mein Bruder die *große* Mittelstange durch eine Öse in der Mitte des Daches und erhöhte sie stufenweise so lange, bis das Dach ebenfalls straff war. Inzwischen hatten wir das Innenzelt an der hinteren Seite hochgehoben und die beiden Ecken mit starken Gummilaschen in die am Gestänge befindlichen Haken eingehängt. Bei der Vorderseite verfuhren wir genauso, aber mit Hilfe meines Bruders kamen wir schneller voran. Das Ausspannen des Innenzeltes und der Ecken und Seiten war eine Arbeit von wenigen Minuten. Nun mußten wir das Vorderdach mit dem Vordachgestänge aufstellen. *An jede Seite* des gebogenen Mittelstückes vom Vordachgestänge steckten wir *nun* zwei Stangen. Die Enden dieser Stangen verbanden wir *nun* mit jeweils einer zweiarmigen Ecke. Auf den freien Arm der Ecke steckten wir zwei Höhenstangen. Nun brauchten wir nur noch das Ganze aufzustellen und es am Zeltgestänge festzuschrauben. Die Verbindungsstange schraubten wir am Zelt fest, am anderen Ende steckten wir sie am Mittelstück des Vordachgestänges auf. Mein Freund nahm darauf eine Seite, ich die andere Seite der Vorwand, und wir schlugen sie vom Dach auf das Vordachgestänge. In der Mitte und an den beiden Seiten *hängten* wir die Ösen der Vorderseite an den Stiften des Gestänges ein. Mein Bruder brachte nun Schnüre, *hängte* sie ebenfalls an den Stiften ein und spannte das Vordach aus. Mein Freund hatte inzwischen das viereckige Überdach, das das Moskitonetz an der einen Breitseite überdeckt, an Stangen eingehängt und mit Schnüren gespannt. Das Zelt war nun fertig. Mein Vater, der im Auto sitzen geblieben war, kam nun herbei und prüfte alles mit kritischen Blicken. Da wir aber nichts falsch gemacht hatten, gingen wir daran, das Auto zu entladen.

Fragen:

a) Weshalb ist dieser Aufsatz keine Vorgangsbeschreibung, sondern ein Bericht?
b) Welche Stellen passen nicht zu einer Vorgangsbeschreibung?

Aufgaben:

1. Verbessere die Stellen des Aufsatzes, die gekennzeichnet sind!
2. Forme diesen Bericht zu einer Vorgangsbeschreibung um!
3. Schreibe einen Bericht zum Thema „Wir bauten unser Zelt (bei strömendem Regen) ab“!

[7] Was mußte ich bedenken, als ich mein Gepäck für den Skikurs packte?

Gliederung

A) Aufstellung einer Liste aller notwendigen Gegenstände, Überlegung, was man alles bedenken muß.

B) Was ich bedenken mußte.

I. Was man alles braucht:

1. Kleidungsstücke:
   a) Skiausrüstung,
   b) Ersatzwäsche,
   c) Schlafanzug,
   d) Hüttenschuhe.
2. Waschzeug und Kosmetik:
   a) Waschlappen und Seife,
   b) Handtuch,
   c) Zahnputzzeug,
   d) Sonnenschutzcreme,
   e) Kamm.
3. Ausrüstung:
   a) Ski, Stöcke, Felle, Wachs,
   b) Rucksack,
   c) Skischuhe,
   d) Schreibzeug,
   e) Taschenmesser.

4. Unterhaltung:
   a) Buch,
   b) kleines Radio.
5. Verpflegung:
   a) Konserven,
   b) Süßigkeiten.
6. Ausweise:
   a) Personalausweis,
   b) Fahrkarte.
7. Ersatzteile:
   Ersatzriemen und Strammer.

II. Packen:
1. Gewichtsverteilung,
2. richtiges Packen von Stoffsachen und empfindlichen Teilen.

III. Kontrolle, ob alles verpackt ist.

C) Wenn man nach einem Plan packt, kann man nichts vergessen und nichts falsch machen.

Ausführung

Um mir darüber klar zu sein, was ich alles brauchte, und um nichts zu vergessen, stellte ich eine Liste aller notwendigen *Dinge* auf. Außerdem überlegte ich mir, was ich *sonst noch bedenken* mußte, als ich mein *Gepäck* für den Skikurs *packte.*

Zuerst suchte ich alle Kleidungsstücke zusammen. Zum Skifahren brauchte ich wasserdichte Windhandschuhe, dicke Socken, den Anorak, eine Zipfelmütze, einen Schal, Skistiefel und die Skikeilhose. Als das alles auf dem Tisch lag, holte ich Ersatzwäsche aus dem Schrank, damit ich mich umziehen konnte, wenn ein Hemd naßgeschwitzt war. *Zum Schluß kam* noch der Schlafanzug *dazu.* Jetzt *hatte ich* alle Kleidungsstücke und konnte nun Waschlappen, Seife, Handtuch, Zahnputzzeug, Sonnenschutzcreme und Kamm in eine kleine Tasche pakken, die für diesen Zweck bestimmt ist. *Um* die Ausrüstung *zusammenzusuchen, mußte ich in die Garage gehen, um* Skier, Stöcke und die Felle zu *holen.* Der Rucksack war im Keller, weil wir ihn seit dem Sommer nicht mehr gebraucht hatten. Das Skiwachs steckte ich in die Anoraktasche, damit ich es immer bei mir hatte. *Um* Postkarten schreiben zu können, holte ich einen Kugelschreiber aus der Schublade und verstaute ihn beim Waschzeug. Da ich die Skistiefel erst am Montag anziehen mußte, konnte ich sie *noch* im Schuhschrank stehen lassen. Trotzdem mußte ich sie *noch* heute gut *mit Fett putzen,* damit ich *dann* am Montag mehr Zeit hatte. *Dann* steckte ich die Hüttenschuhe in ein Zellophansäckchen und legte sie zu den anderen Sachen. Jetzt fehlte nur noch das Taschenmesser, das wie gewöhnlich seinen Platz in der Hosentasche fand. Außerdem *mußte ich* an etwas Unterhaltung *denken, und so nahm* ich ein Buch und das kleine Radio *mit,* das mit Kopfhörer empfängt und deshalb niemanden stört. Da wir keine Verpflegung mitzubringen brauchten, *nahm ich* nur eine Tafel Schokolade und *ein paar andere* Süßigkeiten mit. *Ich durfte* vor allem die Ausweise nicht *vergessen: da war* zunächst der Personalausweis, ohne den ich nicht nach Österreich hätte fahren *dürfen.* Und dann *durfte* ich nicht die Schülerkarte *vergessen,* die ich brauche, um nach München in die Schule zu fahren. Schließlich mußte ich mit der Möglichkeit rechnen, daß ein Strammer oder ein Zehenriemen zerriß oder sonst irgendwie unbrauchbar wurde, und so holte ich Ersatzriemen und Strammer aus der Garage. Jetzt hatte ich die ganze Ausrüstung beisammen und ging daran, alles einzupacken, außer den Kleidungsstücken, die ich am Montag anzog. Ich mußte darauf achten, daß schwere Sachen unten in den Rucksack, leichte dagegen oben *gepackt werden müssen.* Außerdem *müssen* die weichen Kleidungsstücke *hinten,* also *an den Rücken gepackt* werden, damit das Tragen des Rucksackes angenehmer ist. Empfindliche Teile waren außer dem Radio ja nicht dabei, und den verstaute ich zwischen der Wäsche.

Jetzt war endlich *alles* gepackt. *Um sicher zu sein,* daß auch *alles da war,* kontrollierte ich es noch einmal und konnte dann feststellen, daß ich auch wirklich nichts vergessen hatte.

So konnte ich am Sonntagabend befriedigt ins Bett gehen und *war sicher,* daß ich alles eingepackt hatte. Und am nächsten Morgen hatte ich noch genug Zeit, um in Ruhe aufzustehen und zu frühstücken. Dann fuhr ich nach München, *um meine Klassenkameraden zu treffen.*

FRAGEN:

a) Ist die Einleitung zu diesem Bericht gelungen?
b) Weshalb sind mehrere Stellen in diesem Aufsatz gekennzeichnet?
c) Ist dieser Bericht inhaltlich klar und verständlich geschrieben?

d) An welchen Stellen stimmen Gliederung und Ausführung nicht überein?

AUFGABEN:

1. Schreibe eine neue Einleitung!
2. Setze an den gekennzeichneten Stellen bessere Ausdrücke ein!
3. Mache im Hauptteil dieses Aufsatzes Abschnitte nach den Punkten 1, 2, 3, 4 usw. der abgedruckten Gliederung!
4. Schreibe einen Bericht zum Thema „Wir packten unser Gepäck für unsere Urlaubsreise“!

[8] Ich überprüfte und ergänzte meine Skiausrüstung

Der Winter nahte, und es wurde Zeit für mich, meine Skiausrüstung wieder bereitzumachen. Ich holte sie aus dem Keller herauf.

Zuerst sah ich mir die Skier an. Ich löste die beiden Gummiringe, die sie zusammenpreßten. Dann entfernte ich den Holzwürfel, der eine Höhe von etwa 5 cm hat und unter den Bindungen zwischen den beiden aufeinandergedrückten Laufflächen eingeschoben war. Jeden Ski prüfte ich nun sehr genau. Ich achtete darauf, daß die schmalen Zelluloidkanten an der Oberfläche nicht eingerissen waren. Dann untersuchte ich den schwarzen Belag der Laufflächen, der keine große Scharte haben darf. Hatte ich nun festgestellt, daß hier alles in Ordnung war, so prüfte ich die Beschläge.

Der Spitzenschoner aus Aluminium lag gut auf. Er war in Ordnung. Doch der Beschlag am Ende des Skis war leicht verbogen. Ich holte mir einen kleinen Hammer, der den Ski nicht beschädigte, und begann, mit leichten Schlägen die Ecken wieder niederzudrücken. Damit das Blech keine Scharten bekam, legte ich ein altes Tuch darüber. Wenn nun die Ecke nur mehr ein kleines Stück hochstand, sah ich mich nach einer Schraube um. Sie mußte einen Kopf haben, der genauso aussah wie die Köpfe der anderen Schrauben, die den Blechschoner halten. Ihre Dicke mußte größer sein als die des Holzgewindes, das ihr Sitz sein sollte. Ich mußte darauf achten, daß die Schraube nicht zu lang war. Ich steckte sie nun durch das vorgebohrte Loch im Blech, durch das sie leicht gleiten mußte. Nun drückte ich sie in ihr hölzernes Gewinde und zog sie mit einem Schraubenzieher fest. Ich paßte auf, damit sie gerade saß.

Nun mußte ich sorgfältig die Stahlkanten nachsehen. Da keine Schraube fehlte, hatte ich nur die lockeren neu festzuziehen. Jetzt mußte ich nur mehr die Bindung nachstellen. Wenn ich den linken Ski in der Hand hatte, nahm ich mir den linken Schuh. Nun lockerte ich die 4 Schrauben, welche die aufgebogenen Aluminiumplatten, in denen der Schuh steckte, befestigten. Dann drückte ich den Skischuh hinein. Er mußte gerade sitzen, und seine Spitze sollte mit den Vorderenden der eben eingestellten Backen abschließen. Wenn der Skischuh richtig saß und die Backen an ihm anlagen, zog ich ihn vorsichtig nach rückwärts heraus und drehte die 4 Schrauben wieder fest. Die kleinen Metallstückchen, die etwa in der halben Höhe der Backen nach innen ragen, waren noch vom Vorjahr richtig festgeschraubt. Danach schnallte ich den Schuh wieder an, legte den „Zug“ hinten in die Rille des Schuhs und in die Nuten dafür, spannte ihn und prüfte seine Straffheit. Die mußte so groß sein, daß sich der Skischuh höchstens 1 cm abheben ließ. Zuletzt überprüfte ich noch einmal die ganze Bindung.

Genau das gleiche mußte ich auch am anderen Ski machen, nur mit dem Unterschied, daß hier der Endbeschlag noch in Ordnung war. Dann schnallte ich meine beiden Skier wieder zusammen.

Nun waren die Stöcke daran. Ich schaute, ob ihre Aluminiumrohre verbogen waren. Danach prüfte ich die Griffe und die Lederschlaufen. War das geschehen, wurden die Teller nachgesehen. Ihre Verspannung war noch fest. Doch bei einem Stock mußte ich den großen Aluminiumring am Teller wieder rundbiegen. Ich mußte sehr vorsichtig dabei sein. Nun steckte ich die Stöcke zusammen und trug sie zu den Skiern.

Meine Skiausrüstung stand jetzt bereit. Nur um die Kleidung mußte ich mich noch kümmern. Ich hoffte, sie bald gebrauchen zu können.

Bemerkung:

Dieser Bericht stellt sehr genau jeden Handgriff dar und begründet auch, weshalb etwas getan wird. Der Aufsatz zeigt, daß genaue Beobachtung und gründliche Überlegung nötig sind, damit man einen guten Bericht schreiben kann. Der Schüler hält in dieser Arbeit jede

Einzelheit fest. Einige Stellen könnten sprachlich treffender gestaltet werden. Aufbau und Gliederung des Stoffes sind sehr klar.

AUFGABE:

Fertige zu diesem Bericht eine Gliederung an!

[9] Als Augenzeuge bei einem Unfall

In der Nähe von Burglengenfeld *fuhren* mein Vater und ich eine Straße *in einem Volkswagen entlang*. Ungefähr hundert Meter vor uns *fuhr* ein Mercedes-Lieferwagen älteren Baujahrs auf einen unbeschrankten Bahnübergang zu, der hier die Straße schräg kreuzt.

Obwohl das *unter dem Warnkreuz befindliche rote Blinklicht* in vorschriftsmäßigen Abständen aufleuchtete, verlangsamte der Mercedes seine Fahrt nicht, sondern fuhr weiter. Gerade in dem Augenblick, als dieses Kraftfahrzeug unmittelbar vor dem Schienenübergang war, tauchte plötzlich von rechts, für unsere Blickrichtung bisher durch einen neben der Straße *befindlichen* Hügel verdeckt, ein Dieseltriebwagen der Bundesbahn auf. Da sich beide Fahrzeuge in diesem Augenblick *in Fahrt aufeinander zu befanden,* erfolgte ein Zusammenstoß mit voller Wucht. Der Dieseltriebwagen ergriff mit seiner linken Vorderseite die rechte vordere Front des Kraftfahrzeuges und riß dieses in der eigenen Fahrtrichtung quer bis auf die andere Seite der Straße. Erst hier kamen beide Fahrzeuge zum Stillstand. Sofort stiegen die Bahnbeamten und Fahrgäste aus dem Dieseltriebwagen und bemühten sich um den einzigen Insassen des verunglückten Wagens. Dieser, der Fahrer des Wagens, hatte schwerste Kopfverletzungen durch die bei dem Zusammenprall durch die Windschutzscheibe nach hinten geschleuderte Stahlblechmotorhaube erlitten.

Ein inzwischen von der Gegenseite vor uns an der Unfallstelle eingetroffener größerer Personenwagen nahm den Verletzten auf, um ihn schnellstens in ein nahegelegenes Krankenhaus zu bringen. Ein Fahrgast des Triebwagens hatte von einem naheliegenden Haus die Landpolizei benachrichtigt, die auch kurze Zeit später eintraf.

Auf der linken Straßenseite, unter die linke Vorderfront des Triebwagens gepreßt, lag das im Vorderteil *vollkommen* zertrümmerte Kraftfahrzeug. Die stabile Eisenkonstruktion des Triebwagenfahrgestells hatte die Blechteile der rechten Karosserieseite völlig zerdrückt und den Motorblock des Kraftwagens zerrissen. Da der Mercedes von der rechten Straßenseite quer nach links geschleift worden war, waren auch die beiden Vorderräder, die Achse und das Chassis des Wagens verbogen oder zerstört. Eine breite Schleifspur, bedeckt mit Öllachen, Glassplittern und losgerissenen Blechteilen, zeigte deutlich den Hergang des Zusammenstoßes beider Fahrzeuge. Die mehrfach zerdrückte Motorhaube, durch deren Stoß die Windschutzscheibe völlig zersplittert wurde, war nach hinten in die Fahrerkabine geschleudert worden. Sie war nach vorn herausgezogen worden, um den Verletzten durch die nur wenig beschädigte linke Tür bergen zu können. Die Polizei, mit der Aufnahme des Unfallherganges beschäftigt, markierte die Fahr- und Schleifspur sowie die jetzige Lage des verunglückten Wagens durch weiße Kreidestriche auf der Asphaltdecke der Straße.

Nach Abschluß dieser Arbeiten traf ein herbeigerufener Spezialbergungswagen ein. Die Trümmer des unter den Triebwagen geklemmten Unglückswagens wurden durch Anheben des Schienenfahrzeuges mittels Winden freigelegt. Erst jetzt zeigte sich die Auswirkung des Zusammenstoßes *in voller Größe*. Bis auf die Ladefläche mit der *darunter befindlichen* Hinterachse und die linke Seite der Fahrerkabine war das Kraftfahrzeug völlig zerstört. Der Kühler und die Scheinwerfer waren durch die Wucht des Anpralls mehrere Meter weit weggeschleudert worden. Fahrgestell, Vorderachse und die zerplatzten Gußteile von Motor- und Getriebeblock bildeten mit den Resten der Karosserie ein Gewirr von verbogenen Teilen.

Diese Reste des Unglücksfahrzeuges, das bei der Unglücksfahrt keine Ladung *getragen* hatte, wurden mit der Seilwinde auf das Bergungsfahrzeug gezogen, so daß die Straße wieder für den Verkehr freigegeben werden konnte, nachdem die Glassplitter weggefegt und die Öllachen mit Sand bestreut worden waren.

Bemerkung:

Der Schüler hat diesen Aufsatz sachlich, aber dennoch nicht eintönig geschrieben. Alle wesentlichen Beobachtungen und Zusammenhänge hat er angeführt, so daß sich derjenige, der diesen Bericht liest, ein genaues Bild vom Unfallhergang machen kann. Der Aufsatz ist auch klar und sinnvoll gegliedert.

Aufgabe:

1. Fertige aus diesem Bericht einen knappen Bericht für eine Tageszeitung!
2. Schreibe die Gliederung dieses Aufsatzes auf!
3. Verbessere die gekennzeichneten Stellen!

[10] Der Hubertusbrunnen

München kann mit Recht darauf stolz sein, die zwei bedeutendsten Brunnenschöpfungen Adolf v. Hildebrands zu besitzen: den Wittelsbacher Brunnen am Eingang zum Stadtzentrum und den Hubertusbrunnen am Nymphenburger Kanal.

Als Hildebrand in München am Wittelsbacher Brunnen arbeitete, kam ihm schon der Gedanke zu diesem zweiten, ganz andersartigen Brunnen. Dies sehen wir aus einem Brief an seinen Freund Conrad Fiedler vom 29. Juni 1893. Er schreibt: „Ich habe jetzt ein gutes Projekt für die Prinzregentenstraße modelliert, das wäre ein schönes Ding, ein Hubertusbrunnen, gedeckt, mit einem Hirsch drinnen, ungefähr so: ..." Nun folgt die Beschreibung des Brunnens. Später jedoch änderte Hildebrand diesen Entwurf. Er dachte sich den Brunnen mehr an einem stillen Platz im Grünen, und zwar im Englischen Garten, unweit der Prinzregentenstraße, etwa da, wo jetzt das Haus der Kunst steht. Doch die damalige Krongutverwaltung, der das Gelände unterstand, konnte sich aus stiftungsrechtlichen Gründen nicht entschließen, den Platz für den Bau zu genehmigen. Außerdem fehlte es an Geld für die Ausführung, so daß das Projekt lange nur eine Idee des Künstlers blieb, der auch, nebenbei bemerkt, an das Nordostende der Grünanlagen am Maximiliansplatz dachte.

Da ergab sich im Jahre 1903 unerwarteterweise für Hildebrand endlich die Möglichkeit zur Verwirklichung seines Plans, die er sofort ergriff, obwohl die Umgebung für sein Projekt nicht ideal war.

Beim Neubau des damals eben vollendeten Nationalmuseums hatten die Erbauer Gabriel v. Seidl und Rudolf v. Seitz fünfzigtausend Mark eingespart, die der damalige Finanzminister v. Riedel der Stadt München als Beitrag des Staates zur Ausgestaltung des vor dem Museum liegenden Teils der neuen Prinzregentenstraße übergab. Am 29. Juli 1904 endlich wurde die Gesamtausführung des Planes von

Oberbürgermeister Borscht für dreihundertfünfzigtausend Mark an Hildebrand übertragen. Hildebrand schrieb u. a. an Borscht: „... Da das Haus Wittelsbach dem speziellen Orden des heiligen Hubertus angehört, was schon häufig Anlaß gab, Seine Königl. Hoheit, den Prinzregenten, im Kostüm des Hubertusritterordens darzustellen, so war für mich die Idee sehr naheliegend, für den architektonischen Schmuck einen dem Orden geweihten Brunnentempel zu wählen ..." Hildebrand war allerdings mit dem Platz nicht ganz zufrieden, da seiner Ansicht nach der Park und die Stille fehlten. Die Stadt machte den Brunnen dem Regenten zu seinem 50. Geburtstag zum Geschenk. So wurde der Brunnen am 18. Juni 1907 fertiggestellt, und er erhob sich auf dem von einer Balustrade umgebenen, mit Bäumen bestandenen Podest vor dem Nationalmuseum Ecke Prinzregenten – Oettingenstraße. Der Erbauer wurde von seinem Schwiegersohn, dem Architekten Prof. Sattler, unterstützt. Während der Kuppelbau mit dem ovalen Marmorbecken, in dessen Mitte der Hubertushirsch auf dem Marmorsockel steht, sofort fertiggestellt wurde, folgten die vier Plastiken in den Eckennischen erst nach dem Tode Hildebrands, 1921.

Die Plastiken, die 2,10 m groß sind und für die zweitausend Kilo Erz nötig waren, beziehen sich auf Wald und Jagd. Es sind dies:

1. die Göttin der Jagd, die in der rechten Hand einen Speer hält,
2. der Bogenschütze, der mit kühnem Gesichtsausdruck in der linken Hand einen Bogen hält,
3. ein alter Jäger, der in gebückter Haltung dahinschreitet und über einem Stock eine Jagdbeute auf dem Rücken hält, und
4. der Jägerschreck, ein Weib in dürftiger Kleidung, ein Bündel am Rücken, mit der Rechten die Augen beschattend.

Jede Figur kostete fünfzigtausend Mark. Eine Zeitung vom 11. 5. 1921 berichtet: „Einhundertfünfzigtausend Mark wurden von einem Kunstfreund gestiftet!"

Doch nicht lange sollte der Brunnen ungestört an diesem Platze stehen. Gegenüber der malerischen Fassade des Nationalmuseums wurde vor dem zweiten Weltkrieg das Luftgaukommando errichtet. Auf einen Befehl Hitlers hin wurde 1937 der Brunnen abgebrochen. Die Stadt verwahrte die Plastiken. Eine Zeitung vom 19. 3. 1937 schreibt: „Über die Frage, wo der Hubertusbrunnen (– Deutschlands schönster Brunnen –) wieder aufgestellt werden soll, ist noch nicht entschieden worden. Auf jeden Fall besteht die Absicht, dem Brunnen einen sehr schönen Platz auszuwählen, damit er zur Geltung kommt."

Dann war es nicht ganz zwei Jahrzehnte lang ruhig um den Brunnen. Doch im Jahre 1953 wurde unter der Leitung des Barons v. Tucher der „Verein zur Wiedererrichtung des Hubertusbrunnens e.V." gegründet. Der Neuaufbau sollte einhundert- bis zweihunderttausend Mark kosten. Es kamen Verhandlungen mit der Stadt zustande. Der Bezirksausschuß des Bezirkstages von Oberbayern gewährte zehntausend Mark (Zeitung vom 21. 1. 1954). Dazu kamen großzügige Förderungen der Stadtverwaltung, für die sich Stadtbaurat Dr. Högg und Oberbürgermeister Wimmer einsetzten. Außerdem veranstaltete der Verein, der sich später auflöste, eine Geldsammlung, die so erfolgreich verlief, daß schon am 15. Mai 1954 (drei Tage vor dem 85. Geburtstag Kronprinz Rupprechts) der Grundstein gelegt werden konnte.

Der Wiederaufbau des Brunnens geschah unter der künstlerischen Leitung Sattlers. Schließlich konnte am Hubertustag, 3. Nov. 1954, der Brunnen am Nymphenburger Kanal gegenüber dem Waisenhaus eingeweiht werden.

Im Innern des Tempels sind jetzt über den Marmorbänken vier Gedenktafeln angebracht, auf denen man in deutscher Sprache das Wichtigste über die Geschichte des Brunnens lesen kann sowie die Namen all derer, die sich um den Brunnen sehr verdient gemacht haben.

Mit dem Hubertusbrunnen wurde München ein architektonisch wertvolles Kleinod gegeben.

Quellen: Aus dem Archiv der „Süddeutschen Zeitung".
Süddeutsche Zeitung vom 24. 8. 1962, 25. 7. 1957, 16. 1. 1957.
Münchner Stadtanzeiger vom 13. 5. 1955, 12. 11. 1954, 3. 5. 1954, 4. 11. 1954.
Abendzeitung (Nachtausgabe) vom 3. 11. 1954.
Münchner Merkur vom 23. 3. 1954, 20. und 21. 3. 1954, 5. 3. 1954, 17. 2. 1954, 15. 12. 1952, 28. 10. 1950.
Abendblatt vom 16. 3. 1937, 19, 3. 1937.

FRAGE:

Wodurch unterscheidet sich dieser Bericht von den übrigen Beispielen, die in dieser Sammlung abgedruckt sind?

Inhaltsangabe

Während die Nacherzählung in der Erlebnissprache (und zwar im Präteritum) der vorliegenden Erzählung geschrieben wird, muß die Inhaltsangabe in der Sachsprache (im Präsens) geschrieben werden.

Die Inhaltsangabe soll:

1. alle wesentlichen Begebenheiten im Zusammenhang folgerichtig berichten,
2. leicht verständlich abgefaßt sein,
3. im Präsens geschrieben sein,
4. auf die Art der Darstellung und der Sprache hinweisen.

Eine Inhaltsangabe kann ganz knapp nur das Gerüst der Erzählung bringen, kann aber auch ausführlicher in die Erzählung einführen.

Lesestücke und Abschnitte aus der Klassenlektüre werden im allgemeinen als Themen für Inhaltsangaben gestellt. Es können aber auch größere Lektüren als Themen gewählt werden, ähnlich wie in den Literaturgeschichten, die den Inhalt von literarischen Werken kurz angeben.

[11] Dampfer „Tai-An" funkt SOS!

Die „Tai-An" verkehrt zwischen Schanghai und Hongkong. Am 17. 5. geht sie nach Hongkong in See mit 42 Jungen einer Schule, die ihre Verwandten besucht haben, und einem dicken Malaien mit seinen zwei Dienern.

Tub Canning wird seekrank. Deshalb legt sich der Junge heimlich in ein Rettungsboot, weil es das Schaukeln des Schiffes etwas ausgleicht, deckt die Persenning wieder darüber und schläft ein. Als er erwacht, hört er das Krachen eines Schusses und wildes Geschrei. Seine unzertrennlichen Freunde, Jerry Kilford und Stan Lumby, die wissen, wo er ist, schleichen zu seinem Boot und erzählen ihm flüsternd, daß der dicke Malaie mit seinen Dienern und fünf Matrosen der „Tai-An" das Schiff überfallen hat, um von den Eltern der Jungen Lösegeld zu erpressen. Den Funker haben sie niedergeschlagen, die Mannschaft eingesperrt. Die Passagiere werden auf dem Achterdeck mit Waffen in Schach gehalten. Jerry macht dem dicken Malaien vor, Tub Canning, den er nicht sieht, sei wegen einer Krankheit in Schanghai geblieben. Als niemand in der Nähe ist, klettert Tub heimlich aus seinem Boot, schleicht zur Funkkabine und riegelt sich ein. Dann funkt er immer wieder, was an Bord der „Tai-An" geschehen ist und daß sie vom Kurs abgewichen sind, bis sich jemand mit aller Gewalt gegen die eiserne Tür wirft. Der fette Malaie schießt durch das Bullauge den Sender kaputt und durchsiebt dann den Raum. Tub schlägt mit aller Kraft gegen die Hand des Piraten, daß der sie zurückzieht. Sofort schraubt Tub den eisernen Deckel auf das Bullauge. Jetzt wollen sie die Tür einschlagen, aber da kommt ein Wachboot heran, und die Piraten flüchten in einem Boot. Tub wird vom Kapitän auf die Brücke gebeten. Er hat das Schiff gerettet und Mannschaft und Passagiere aus großer Gefahr befreit.

[12] Dampfer „Tai-An" funkt SOS!

Das Schiff hat die Aufgabe, eine Anzahl von Jungen nach ihrer Schule zurückzubringen. Ein kräftiger Ausländer kommt als letzter an Bord. Während der Fahrt bekommt ein Junge namens Tub die bekannte Seekrankheit. Er versteckt sich unbemerkt in einem Rettungsboot. Da ihm die Zeit zu lang wird, schläft er ein, wird aber kurze Zeit später von großem Lärm aufgeweckt. Als Ursache stellt sich die Gefangennahme des Kapitäns und seiner Untertanen heraus, die von einer Bande des Malaien gefesselt worden sind. Allein Tub bleibt unentdeckt. Während seine Freunde, Jerry und Stan, ihn warnen, werden sie von einem Posten zur Rede gezwungen. Sie geben an, daß der fehlende Passagier wegen Erkrankung daheim geblieben sei. Wahrscheinlich wollen dann die Bandenmitglieder hohes Lösegeld für die Jungen verlangen. Es wird ihnen erklärt, daß sie sich nur in einem bestimmten Raum aufhalten dürfen. Nun erkennt Tub seine Chance, Hilfe zu holen. Er schleicht sich unbemerkt zur Funkkabine hin. Nachdem er nach Hilfe gefunkt hat, erscheint plötzlich die Hand mit einem

Revolver durch die Glasscheibe. Ein Schuß fällt, und die Funkanlage wird zerstört. Tub schlägt mit einem im Zimmer liegenden Stock dem Revolverhelden auf die Hand, der sie auf der Stelle zurückzieht. Inzwischen ist die „Tai-An" stark vom Kurs abgewichen. Mit vereinten Kräften wollen die Bandenmitglieder die Tür aufbrechen. Sie bemerken nicht, wie sich ein großes Boot mit einem Polizeiaufgebot nähert. Nachdem der Kapitän befreit und die Bande festgenommen ist, wird Tub zum Kapitän gerufen. Was jetzt kommt, braucht man nicht mehr zu erwähnen.

Bemerkung:

Als Schulaufgabe war der Klasse die Aufgabe gestellt, den Kern eines Lesestücks in einer knappen Inhaltsangabe klar und verständlich wiederzugeben. Die Lesebücher durften benutzt werden.

Aufgabe:

1. Lies die beiden Inhaltsangaben der Aufsätze [11] und [12] aufmerksam durch und überlege dir, welches der bessere Aufsatz ist! Begründe deine Ansicht!
2. Kennzeichne im schlechteren Aufsatz die Stellen, die unklar bzw. ohne Zusammenhang sind!
3. Schreibe eine Inhaltsangabe zu einem Lesestück deines Lesebuchs!

[13] Der Fechtmeister als willkommener Helfer Schadaus

Im zweiten Kapitel der Novelle „Das Amulett" von Conrad Ferdinand Meyer wird die Jugend des Helden dieser Geschichte geschildert. C. F. Meyer berichtet von der Erziehung des jugendlichen Waisen in der Schweiz, der hier eine Heimat bei seinem Ohm gefunden hat. Er wird durch den Dorfpfarrer zum Calvinisten erzogen. Der Junge möchte in die Fußstapfen seines Vaters, der ein bekannter Soldat war, treten. Daher verläßt er nach zwei ärgerlichen Erlebnissen, die ihm den Aufenthalt in der Heimat verleiden, die Schweiz, um sich nach Paris zu begeben.

Ein kleiner Junge wird, nachdem seine Eltern gestorben sind, von seinem Ohm, der am Bieler See in der Schweiz lebt, aufgenommen. Dieser alte Herr ist eine bemerkenswerte Erscheinung. Er befaßt sich viel mit alten religiösen Schriften. Aus einigen dieser Bücher hat er die Überzeugung gewonnen, daß der Weltuntergang nicht allzuweit entfernt sein könne. Nur seiner Zurückgezogenheit hat er es zu danken, daß er wegen dieser Ansichten nicht verhaftet wird. Der Junge wächst unter der strengen Aufsicht dieses Mannes heran. Seine Bildung erhält er von einem streng calvinistischen Pfarrer. Die beiden Erzieher stimmen in manchen Punkten nicht überein. Der größte Unterschied zwischen ihnen liegt in den verschiedenen religiösen Anschauungen. Der große Wunsch des Jungen ist, in den Kriegsdienst treten zu können, genau wie es sein Vater tat. So kann er es kaum noch auf dem Landsitz seines Ohms aushalten. Ungeduldig wartet er auf eine Möglichkeit, bei dem berühmten Feldherrn Coligny seine ersten Waffenjahre abzuleisten. Eines Tages kommt ein Fremder in schäbiger Kleidung und mit unheimlichen Gesichtszügen zu ihnen. Er bietet sich an, den Jungen das Fechten zu lehren, da er die Stoßklinge vortrefflich führe. Der Junge willigt trotz seiner instinktiven Abneigung gegen den Fremden ein, da ihm gerade die Kunst des Fechtens in seiner Ausbildung fehlt. Der Fechtmeister ist nicht ganz mit den Leistungen seines Schülers zufrieden, weil dieser etwas schwerfällig ist. Mit beleidigenden Rufen will er den Jüngling reizen und damit anfeuern, was ihm aber nicht gelingt.

Eines Morgens kommt der Bieler Stadtbote mit einem versiegelten Schreiben. Der Ohm öffnet es und liest darin, daß der Fechtmeister ein gesuchter Mörder sei, der seine Frau aus Eifersucht erstochen habe. Er soll ergriffen und an der Grenze ausgeliefert werden. Als jedoch der Ohm mit seinem Enkel den Fechtmeister gefangennehmen will, ist dieser schon geflohen. Er hat aus seinem Fenster das rote Amtssiegel auf dem Brief und damit die Gefahr erkannt. Zu diesem Vorfall kommt aber noch ein weiteres aufregendes Ereignis hinzu, das den Jungen in seinem Entschluß, fortzureiten, bestärkt. Der junge Mann wird auf eine Hochzeit geladen. Als Tischdame hat er ein nettes Mädchen, mit dem er sich sehr lebhaft unterhält und ihm den Hof macht. Das mißfällt einem Nachbarn, der das Mädchen insgeheim liebt. Als der Held der Geschichte das Wort „der Bluthund Alba" fallen läßt, hakt der andere ein und sagt, daß ein politisch unerfahrener Mann wie er so etwas nicht sagen dürfe. Da schreit der Beleidigte: „Ein Schurke, wer den Schurken Alba in Schutz nimmt!" Es entsteht ein

Getümmel, aus welchem sein Gegner schwerverletzt weggetragen wird. Am nächsten Tag verabschiedet sich der junge Mann überstürzt von seinem Ohm, um nach Paris zu reiten.

An diesem Abschnitt der Geschichte gefällt mir besonders die Beschreibung der damaligen Erziehung. Obwohl die Schüler keinen geregelten Schulunterricht hatten, erhielten sie eine intensive und umfassende Ausbildung, die jedoch vorwiegend religiös ausgerichtet war. Auch der Wunsch, sich im Krieg zu bewähren, was zu den Idealen der damaligen Zeit gehörte, wird aus der Schilderung des Dichters sehr deutlich.

Bemerkung:

Der Schüler hat den Gang der Handlung im zweiten Kapitel dieser Erzählung klar und folgerichtig aufgezeigt, so daß jeder, der die Erzählung „Das Amulett" nicht kennt, weiß, was in diesem Kapitel geschieht. Die wörtliche Rede, die in dieser Inhaltsangabe vorkommt, stört nicht, da der Wortlaut als wichtig betrachtet werden kann.

Fragen:

a) Wie beurteilst du die Einleitung?
b) Wodurch unterscheidet sich diese Inhaltsangabe von den bisherigen Beispielen?

Aufgabe:

Schreibe eine Inhaltsangabe der Novelle „Das Amulett" von C. F. Meyer!

[14] Hauke Haiens Aufstieg vom Knecht zum Deichgrafen

Hauke Haien wird nicht mehr lange zu Hause herumsitzen und den Vater mit seinen wißbegierigen, unermüdlichen Fragen belästigen. Auch den unsinnigen Gedanken, Deichgraf zu werden, muß er sich aus dem Kopf schlagen. Denn morgen tritt er die neue Stelle beim Deichgrafen Tede Volkerts an, um sich als Kleinknecht dort sein Brot zu verdienen.

Der Vater ist froh darüber, denn der Junge lag den ganzen Tag untätig am Strande herum und las in vergilbten Rechenbüchern oder sah mit seinen klugen Augen dem Spiel der Wellen zu, die seine Sehnsucht, einmal etwas Besonderes zu werden, mit aufs Meer hinaustrugen. Aber morgen heißt es arbeiten, und da werden ihm die dummen Gedanken schon vergehen.

Und Hauke hat auch nicht mehr soviel Zeit zu spintisieren, denn wenn man einen Tag harter Arbeit hinter sich hat, ist man froh, ausruhen zu können. Da ist dann auch noch der Großknecht Ole Peters, der ihm das Leben sauer macht. Denn er ist eifersüchtig auf ihn, seit er dem Deichgrafen bei den Rechenproblemen, die seine Arbeit mit sich bringt, hilft. Kann ihn auch der Großknecht nicht leiden, so hat er doch einen Freund in seinem Brotherren, dem er immer unentbehrlicher wird. Auch Elke, die Tochter des Deichgrafen, ist ihm zugetan. Wenn sie auch nicht viel miteinander reden, so verstehen sie sich doch im stillen um so besser.

Als der Winter naht, nimmt Ole Peters seinen Abschied. Er heiratet eine sehr dicke, aber auch dementsprechend reiche Bäuerin. Hauke rückt daher zum Großknecht auf. So leben die Menschen auf dem Hofe Tede Volkerts' friedlich beieinander, ein jeder mit seiner eigenen Arbeit beschäftigt. Hauke macht jetzt die Rechnerei ganz allein; der Deichgraf schaut ihm nur noch manchmal zu und bewundert seine Fertigkeit.

Ganz plötzlich und unerwartet wird diese friedliche Zeit unterbrochen: Mit Haukes Vater geht es zu Ende, und er ruft seinen Sohn an das Sterbebett. Hauke legt das Versprechen ab, weiterhin fleißig und ehrlich zu sein, um vielleicht später doch seinen und auch des Vaters heimlichen Wunsch zu erfüllen und Deichgraf zu werden.

Seit der Beerdigung wohnt nun Hauke wieder im Vaterhaus. Elke kommt ihn manchmal besuchen, um, wie sie vorgibt, etwas aufzuräumen. Auch ihr Vater wird gebrechlich und siecht dahin. Selbst seine Leibspeise, der Entenbraten, will ihm nicht mehr munden, ein schlechtes Zeichen. Er folgt Haukes Vater bald nach, und es gibt „eine große Leich'“ im Dorf. – Anschließend findet das Trauermahl statt, zu dem alle Deichgevollmächtigten geladen sind. Man wirft die Frage auf, wer nun neuer Deichgraf werden solle. Dabei kommt auch auf Hauke die Sprache, der ja in den letzten Jahren der eigentliche Deichgraf war. Aber der Vorschlag wird abgelehnt, denn nur vermögende Friesen können einen solchen Posten einnehmen, aber keine einfachen Knechte, wenn sie auch noch so klug sind.

Elke hat stillschweigend zugehört und mischt sich jetzt plötzlich in die Unterhaltung ein. Sie fühlt längst, daß sie von Hauke geliebt wird, und auch sie empfindet ehrliche Zuneigung zu diesem gescheiten und gleichzeitig bescheidenen Jüngling. Deshalb erklärt sie den Deichgevollmächtigten, daß Hauke und sie nächstes Jahr heiraten werden, woraufhin man ihn als den reichsten Mann des Dorfes wohl nicht mehr abweisen könne. Die erstaunte Gesellschaft bewilligt diesen Vorschlag mit Freuden.

Das Trauerjahr hindurch geht jeder wieder seiner Arbeit nach. Dann aber gibt es eine große Hochzeit, Haukes Traum ist erfüllt: Er ist nun Deichgraf und wird, unterstützt von seiner treuen Frau, seinen Dorfbewohnern ein guter und gerechter Herr sein, der ihnen im Kampf gegen das Meer unerschrocken zur Seite steht.

Bemerkung:

Im dritten Abschnitt sind das Personalpronomen „er“ und das Possessivpronomen „seine“ für verschiedene Personen verwendet. Berichtige diesen häufigen Fehler!

Aufgabe:

1. Lies Theodor Storms Novelle „Der Schimmelreiter“, vergleiche diese Inhaltsangabe mit dem entsprechenden Teil der Novelle und stelle fest, ob der Aufsatz diesen Ausschnitt klar und vollständig wiedergibt!
2. Schreibe eine passende Einleitung zu dieser Inhaltsangabe!
3. Erörtere schriftlich eines der folgenden Themen:
   Die Schuld Ole Peters am Untergang Haukes. – Wie setzt sich Hauke gegen alle Widerstände durch? – Was bewunderst du an Elke? – Welche Kräfte führen Haukes Untergang herbei?

Beschreibung

Bei der Beschreibung von Vorgängen, z. B. eigenen und fremden Tätigkeiten, wird ein wiederholbarer Vorgang sachlich beschrieben. Ein Außenstehender soll den Ablauf nachvollziehen können; deshalb müssen die Einzelheiten genau beschrieben werden und deshalb muß auch die genaue zeitliche Folge beachtet werden. Die *Vorgangsbeschreibung* ist wie eine Gebrauchsanweisung klar, straff und durchsichtig. Sie braucht trotzdem nicht eintönig oder langweilig zu sein. Treffende Wendungen, Abwechslung im Ausdruck, passende Bilder und Vergleiche machen auch die sachliche Vorgangsbeschreibung anschaulich.

Während in der Vorgangsbeschreibung das zeitliche Nacheinander dargestellt wird, bildet in der *Beschreibung von Räumen, Gebäuden, Plätzen, Gärten* das Nebeneinander der Dinge im Raum eine Einheit. Die einzelnen Schritte der Arbeit müssen deshalb sorgfältig überlegt werden.

Man beginnt mit der Lage des Hauses oder des Raumes, beschreibt seine Größe oder Beschaffenheit, das Aussehen der Wände, die wichtigsten Einrichtungsgegenstände, dann folgt der Gesamteindruck des Raumes.

Wenn der Schreiber nicht nur den sachlichen Eindruck wiedergibt, sondern das gefühlsmäßige Erlebnis bringt, gerät er in die Schilderung des Raumes (Erlebnisdarstellung).

Ähnlich ist es bei der Beschreibung eines Tieres, einer Pflanze. Sachlich geschrieben, entspricht die Beschreibung etwa der Darstellung in einem Naturkundewerk. Wenn wir z. B. nicht nur das Äußere, sondern auch die Verhaltensweise eines Hundes darstellen, kommen wir zur Schilderung. Oder: Eine Rose kann sehr sachlich genau beschrieben werden, aber auch erlebnismäßig geschildert werden.

Beschreibungen werden in der Gegenwartsform (im Präsens) geschrieben.

Ein Würfelspiel und seine Regeln

„Weltreise" steht in großen Druckbuchstaben auf dem Deckel einer flachen Schachtel, die eines Tages unter unserem Christbaum lag. Man sieht ein Flugzeug, das im Begriff ist, aufs Meer hinauszufliegen, nachdem es ein weites Land mit Städten, Flüssen, Seen und Gebirgen hinter sich gelassen hat.

„Weltreise" ist ein Würfelspiel, an dem bis zu sechs Personen teilnehmen können. Auf einem geräumigen Tisch entfaltet man zuerst den zweifach zusammengeklappten Spielplan. Auf ihm sind alle Erdteile abgebildet, umgeben von den blauen Ozeanen. Viele Städte sind eingezeichnet, besonders in Europa, Mittelamerika und anderen dichtbesiedelten Gebieten. Dagegen zeigen Teile von Nordamerika, Sibirien und Grönland ganz weiße Flächen. Alle Städte sind durch verschiedenfarbige Striche miteinander verbunden. Die roten Linien stellen Eisenbahnen, die blauen Flugzeugstrecken und die gelben Schiffahrtswege dar.

Aus einem gesonderten Fach der Spielschachtel entnimmt man nun fünf verschiedenfarbige Päckchen kleiner Karten. Diese Karten enthalten die Namen der Städte, die auf dem Plan angegeben sind. Damit man die Orte leichter findet, ist jedesmal der Erdteil mit seinen Anfangsbuchstaben angegeben und oft auch die Lage der Stadt näher bestimmt: z. B. Colombo, Ceylon As; Broken Hill, Südaustralien Au.

Jeder Spieler zieht nun aus den fünf Päckchen je eine Karte und breitet sie vor sich aus. Jetzt heißt es, so schnell wie möglich die gezogenen Städte in den fünf Erdteilen aufzufinden und sich ihre Lage gut einzuprägen. Der Spielführer bestimmt den Erdteil, von dem die Reise losgehen soll. Jeder Spieler markiert seinen Ausgangspunkt durch ein farbiges Fähnchen. Dann kann die Weltreise beginnen. Reihum wird gewürfelt, und jeweils um die gewürfelten Augen darf der Spieler seine Figur vorwärts reisen lassen. Ob er das Flugzeug nimmt, die Eisenbahn oder mit dem Schiff fährt, bleibt ihm überlassen. Er muß nur die von ihm gezogenen Orte in den verschiedenen Erdteilen berühren und so schnell wie möglich zu seinem Ausgangspunkt zurückkehren. Wer die Schiffsreise wählt, darf immer nur, auch wenn er eine Sechs würfelt, von einem Linienpunkt zum anderen vorrücken. Dafür aber kann er auch in einem Zug z. B. von Australien nach Amerika über den ganzen Pazifischen Ozean fahren. Während eines Zuges ist es nicht erlaubt, von einem Verkehrsmittel ins andere umzusteigen; auch muß man einmal warten, wenn ein Ort durch einen anderen Spieler besetzt ist.

Gegen Ende des Spieles wird die Spannung immer größer. Wenn man die Reihenfolge der Orte nicht richtig gewählt hat, hängt man vielleicht noch in Südamerika, während sich der andere Spieler schon seinem Ausgangspunkt in Australien auf ein paar Städte genähert hat. Da ergibt sich plötzlich eine günstige Schiffsverbindung, und mit zwei Zügen ist man doch als erster am Ziel.

Wenn alle Spieler die Reise beendet haben, geben sie ihre Kärtchen beim Spielführer ab, der sie beiseitelegt, also nicht auf die gestapelten Häufchen, damit bei neuen Partien immer wieder neue Orte aufgesucht werden müssen.

FRAGEN:

a) Kennst du dieses Spiel?
b) Weiß jemand nach dieser Beschreibung, was er tun und beachten muß, wenn er sich an diesem Spiel beteiligen will?
c) Weshalb ist dieser Aufsatz kein Bericht, sondern eine Beschreibung?

AUFGABEN:

Schreibe über das Spiel „Weltreise“ einen Bericht!

[16] Ein Kartenspiel und seine Regeln

Das Kartenspiel „Canasta“ entstand 1948/49 in Südamerika und hat auf dem Wege über die USA in kurzer Zeit auch die europäischen Herzen erobert. „Canasta“ ist ein spanisches Wort und heißt „Körbchen“. Das Spiel ähnelt in mancher Hinsicht dem Rommé, wird mit 2 × 52 Blatt französischer Karten gespielt und mit sechs Jokern.

Wir spielen meist zu viert, doch kann man auch zu 2, 3, 5 und 6 spielen. Haben wir elf Karten ausgegeben, so liegen vor uns der „Kartenstock“ und der „Abwurfstoß“. Bei gerader Spielerzahl werden Parteien gebildet, die zusammenspielen; bei ungerader spielt jeder für sich. Wichtig beim „Canasta“ ist, daß es keinen Trumpf gibt.

Auflegen darf man nur Karten gleichen Rangwertes. „Folgen", z. B. neun, zehn, Bube, Dame, sind ohne Bedeutung. Sieben Karten gleichen Wertes ergeben ein Canasta, d. h. das Körbchen ist voll, und sind in erster Linie anzustreben.

Jetzt ist mein Vater „am Spiel". Er muß zunächst eine Karte entweder vom verdeckten Stoß oder vom offenen Abwurfstoß nehmen. Entscheidet er sich für die offene Karte des Abwurfstoßes, muß er gleichzeitig alle Karten des Abwurfstoßes aufnehmen. Er kann sie aber nur nehmen, wenn er bereits zwei oder mehr Karten dieser Art besitzt. Bei Beginn des Spiels muß man gleichzeitig die nötigen 50-Punkte zum „Auflegen" haben. Kauft mein Vater den Abwurfstoß, so ist das für seine Partei sehr von Vorteil.

Erhält ein Spieler die im Spiel vorhandenen vier roten Dreier, so zählen sie zusammen 800 Punkte. Ein roter Dreier zählt 100 Punkte und muß sofort abgelegt werden. Wer rote Dreier behält, bekommt 500 Minuspunkte. Außerdem gibt es die schwarzen Dreier, die „Stoppkarten" genannt werden, weil sie den nächsten ans Spiel kommenden Spieler hindern, den Abwurfstoß aufzunehmen. Sie zwingen die Person, die oberste Karte vom Stock zu ziehen. Ist man dann nicht in der Lage, Karten zum Canasta aufzulegen, so muß man eine Karte auf den Abwurfstoß legen, und der nächste ist am Spiel.

In einem Canasta müssen vier gleiche Karten sein, während höchstens drei „wilde" Karten das Canasta ergänzen dürfen. „Wilde" Karten sind Joker und Zweier. Eine solche Zusammenstellung heißt „gemischtes" Canasta und zählt 300 Punkte, während das reine Canasta ohne „wilde" Karten 500 Punkte zählt. Ein Abwurfstoß wird „gesperrt", wenn man eine „wilde" Karte quer auf den Stoß legt. Um ein so „gesperrtes Päckchen" zu kaufen, braucht man ein zur obersten Karte passendes Paar gleicher Rangstufe.

Eine Spielpartie ist beendet, sobald ein Spieler alle Karten, die er in der Hand hatte, offen aufgelegt hat, wobei er seine Partner zu fragen hat, ob es ihnen recht ist, wenn er Schluß macht. Schlußmachen bringt weitere 100 Punkte ein.

Über das Anlegen ist noch folgendes zu sagen: Wenn das Spiel beginnt, muß jede Partei mindestens 50 Punkte anlegen, z. B. fünf Zehner oder drei Zehner und einen Zweier, der 20 Punkte zählt. Ein Joker zählt zwar 50 Punkte, kann aber nicht allein herausgelegt werden. Hat man dann 1500 Punkte erreicht, so muß man 90 anlegen; bei 3000 Punkten 120 Augen. Gespielt wird so lange, bis eine Partei die 5000 Punkte-Grenze überschritten hat.

Zum Schluß wird das Endergebnis der Verlierer vom Endergebnis der Sieger abgezogen. Diese Punktzahl müssen die Verlierer in Geld an die Sieger zahlen.

„Canasta“ ist ein reizvolles Spiel, das einem die Freizeit verschönert und die Langeweile vertreibt.

BEMERKUNG:

Dieses Spiel ist schwierig, da die Spieler viele Einzelheiten beachten müssen. Aber auch dem Verfasser dieses Aufsatzes ist es gelungen, die Spielregeln klar herauszuarbeiten und sie verständlich zu erläutern.

FRAGE:

Wo berührt sich diese Beschreibung mit einem Bericht?

AUFGABE:

Verändere diese Stelle, so daß eine klare Beschreibung entsteht!

[17] Ich fertige einen Batikschal an

Bald hat meine Oma Geburtstag, und ich möchte ihr zu diesem Fest einen selbstgefertigten Batikschal schenken.

Zuerst kaufe ich das Material, das ich dafür benötige: einen Streifen Japanseide, etwa 110 cm lang und 30 cm breit; einen Riegel Batikwachs – es muß 100% naturrein sein, weil der Schal sonst Fettflecken bekommt –, zwei Päckchen rote und blaue Stoffarbe, einen dicken und einen dünnen Pinsel.

Zu Hause beginnt dann die eigentliche Arbeit.

Ich lege die Seide auf eine weiße Unterlage und zeichne mit einem weichen Bleistift dünn das Muster auf, in meinem Fall vierblättrige Rosetten von etwa 3 cm Durchmesser. Da später die Rosetten rosarot, der übrige Stoff violett getönt sein soll, muß ich vorerst den ganzen Stoff abdecken. Nur die aufgezeichneten Blümchen werden ausgespart. Zu diesem Zweck brauche ich zwei Stühle; diese werden so gestellt, daß die Lehnen zueinanderstehen. Dann nagle ich die Seide mit den äußersten Ecken an die Lehnen. Jetzt schiebe ich die zwei Stühle auseinander, und wenn der Stoff gespannt ist, stelle ich einen der beiden so, daß er nur mit den hinteren Füßen aufsteht, mit den anderen aber in der Luft hängt und mit seinem Gewicht den Stoff straff hält. Inzwischen ist das Wachs in einer Blechbüchse bei nicht zu großer Gasflamme heiß und flüssig geworden, und es kann gerade gut verstrichen werden. Meine Mutter hilft mir dabei. Während sie mit den Händen den Stoff um eine Blume herum straff hält, umfahre ich mit dem dünnen Pinsel die Form. So geht es weiter, bis ich bei allen Rosetten die Konturen mit Wachs nachgefahren habe. Man muß dabei aufpassen, daß das Wachs gut heiß bleibt, weil es sich sonst nicht mehr verstreichen läßt und nicht mehr richtig deckt. Nun benötige ich meine Mutter nicht mehr; ich straffe den Stoff noch einmal nach und fülle dann die Flächen zwischen den Blümchen mit Wachs aus. Mit dem großen Pinsel geht mir das schnell von der Hand, zumal das heiße Wachs die Seide sofort gut durchdringt und die andere Seite mit einwachst. Ist die Seide bis auf die später roten Blumen gut eingewachst, ziehe ich die Nägel aus den Stühlen und nehme den Schal ab. In einer Schüssel erwärme ich dann ungefähr drei Liter Wasser gut handwarm und schütte sie in einen Eimer. In einem kleinen Töpfchen bringe ich etwa einen halben Liter Wasser zum Kochen; dann gebe ich etwa die Hälfte der roten Batikfarbe hinein und lasse noch einmal kurz aufkochen. Diese Brühe wird in das warme Wasser gegossen; der vorher unter kaltem Wasser abgeschwenkte Schal wird ebenfalls hineingesteckt und gut umgerührt. Das Wasser darf nicht zu heiß sein, da sonst das Wachs schmilzt. Die Seide bleibt, je nach Stärke des Farbtones, 10–20 Minuten in der Färbebrühe. Bei diesem Vorgang nimmt der nicht eingewachste Stoff die Farbe an, der mit Wachs bedeckte Teil jedoch bleibt weiß. Nach etwa 15 Minuten kommt der Schal aus dem Wasser, und ich hänge ihn zum Trocknen auf. Ist er getrocknet, so nagle ich ihn wieder an die zwei Stühle und überstreiche die jetzt roten Rosetten mit dem Wachs. Dann knülle ich den steifen Stoff zu einem Ballen zusammen und ziehe ihn hierauf wieder auseinander. Dadurch bekommt das Wachs feine Knitter, in diese dringt beim zweiten Färbevorgang die violette Farbe ein und erzeugt so einen effektvollen Untergrund zu den Rosetten. Wie bei der roten Farbe mische ich jetzt die blaue an, färbe den Schal und trockne ihn ungefähr

2 Stunden. Hierauf muß das Wachs wieder entfernt werden. Zu diesem Zweck lege ich ein Stück des Schales zwischen zwei Zeitungen und fahre mit dem heißen Bügeleisen darüber. Das flüssige Wachs wird von den Zeitungen aufgesogen und bleibt in diesen haften. Jetzt nehme ich zwei neue Zeitungen und gehe ein Stückchen weiter, so lange, bis das meiste Wachs aus dem Schal heraus ist. Dann mache ich den Schal noch einmal durch, damit auch der letzte Rest des Wachses herauskommt. Jetzt erst treten die eingefärbten Farben zutage, und ich kann feststellen, ob der Schal wirklich gelungen ist. Nun muß meine Schwester den Schal noch einrändeln, dann kann ich ihn meiner Oma zum Geburtstag überreichen.

Bemerkung:

Der Schüler *beschreibt* den Arbeitsvorgang ausführlich und klar; gelegentlich jedoch *berichtet* er. An einigen Stellen ist die sprachliche Darstellung etwas eintönig oder nicht treffsicher genug. Auch das Passiv hätte der Schüler einige Male vermeiden können.

Aufgaben:

1. Gliedere den Hauptteil des Aufsatzes in Abschnitte!
2. Ändere die Stellen, die in einen Bericht gehören!

[18] Das Arbeitszimmer meines Onkels

„Jul. Meindl“ steht in kleinen Buchstaben auf dem Schild der Wohnungstür eines Hauses mitten in der Stadt. Ich drücke auf den Klingelknopf und warte. Nichts rührt sich. Ich klingele noch einmal. Nun nähern sich schlurfende Schritte. Ich höre, wie das kleine Guckauge an der Tür geöffnet wird, und spüre, daß man mich mustert. Jetzt wird der Riegel zurückgeschoben, die Tür geöffnet, und die alte Haushälterin meines Onkels empfängt mich freundlich. Mein Onkel sei nicht zu Hause, aber er werde bald zurückkommen, sagt sie zu mir.

Ich trete in sein Arbeitszimmer, um auf ihn zu warten. Noch nie war ich allein in diesem Raum, neugierig blicke ich um mich. Bücher, Bücher, wohin das Auge schaut. Auf Gäste ist man nicht eingerichtet, es gibt nur den alten, dunkelgrün bezogenen Ohrensessel meines Onkels und noch einen altmodischen, hohen Stuhl mit gerader Lehne, der aber von einem hohen Bücherstapel belegt ist. Nur der Klavierhocker ist frei. Ich lasse mich vorsichtig darauf nieder. Gern würde ich ihn ein wenig in Drehung versetzen, aber ich wage es nicht. Dieses Zimmer schüchtert mich ein. Fast die ganzen Wände sind von Bücherregalen bedeckt, Bücher in allen Größen, nebeneinander aufgereiht oder in kleinen Stapeln. Sie haben keine so farbigen Einbände wie die bei uns daheim. Sie schauen grau, verstaubt, ein wenig langweilig und furchtbar gelehrt aus. Ich trete an ein Regal heran und schaue, ob ich vielleicht unter den Büchern etwas finde, um mir die Zeit zu verkürzen. Ich gebe es schnell auf, bei vielen weiß ich nicht einmal, in welcher Sprache sie geschrieben sind.

Ich werfe einen Blick auf den Schreibtisch. Auch hier stapeln sich Bücher, aber sonst ist die Schreibplatte von vielen Stößen kleiner, handbeschriebener Zettel bedeckt. Alle sind sorgfältig aufeinandergelegt und numeriert. Was geschähe wohl, wenn ein kleines Kind hier eindränge und diese Ordnung durcheinanderwirbelte! Unvorstellbar! Aber mein Onkel ist Junggeselle, und sicher hat noch nie ein kleines Kind diesen Raum betreten. Voll Bewunderung sehe ich, daß die Zettel mit ganz sonderbaren Zeichen und Punkten bedeckt sind. Das muß arabisch sein, von dem mein Onkel mir erzählt hat und das entsetzlich schwer sein muß. Wie kann er diese winzigen Zeichen nur lesen! Deshalb liegt hier auch eine Lupe, die ihm hilft, wenn es zu schwierig ist. Auch die einfache Bürolampe mit schwenkbarem Arm wird er sicher fast den ganzen Tag benützen müssen, um die vielen kleinen Zeichen entziffern zu können.

Das einzige Fenster des Zimmers, das sich an der schmaleren Wand befindet, ist zwar hoch, aber man blickt nur auf eine graue, schmutzige Hausmauer. Ich nehme an, mein Onkel lebt so vollkommen in der Welt seiner Gedanken und Bücher, daß er seine Umgebung gar nicht wahrnimmt, wenigstens nicht, wenn er arbeitet. Darum kein Radio, an der Wand kein Bild, kein Blumenstock am Fenster, nichts, was den Raum ein wenig anheimelnd machen würde. Nur ein Tischchen mit Rauchwaren und das nicht abgeräumte Kaffeegeschirr zeigen, daß es für ihn außer seiner Arbeit auch kleine Freuden gibt.

Plötzlich fahre ich zusammen, schnarrend tönt es aus der alten Wanduhr, dann folgen drei dumpfe Schläge. Schon drei Uhr! Wahrscheinlich sitzt mein Onkel in einer Bibliothek und hat unsere Verabredung vergessen. Ich suche lange auf dem Schreibtisch, bis ich endlich einen leeren Zettel finde, nehme einen der vielen sorgfältig, besonders scharf gespitzten Bleistifte und schreibe einen kurzen Gruß. Erleichtert verlasse ich den Raum, und um die alte Frau nicht zu stören, lasse ich leise die Wohnungstür hinter mir ins Schloß schnappen. Noch am Treppenabsatz höre ich dennoch ihre schlurfenden Schritte und wie vorsorglich der Riegel wieder zurückgeschoben wird.

FRAGEN:

a) Was fällt dir an dieser Beschreibung auf?
b) Wodurch unterscheidet sich dieser Aufsatz von den anderen Beschreibungen?

AUFGABEN:

1. Beschreibe dein Zimmer!
2. Verfasse eine Beschreibung zu dem Thema „Unser Physik-(Chemie-)saal“!

[19] Im Antiquitätenladen

Nicht weit von unserer Wohnung befindet sich ein kleiner Antiquitätenladen, in dessen Auslage ich gerne schaue, wenn ich hie und da mal vorbeigehe.

Unmittelbar hinter der Auslagescheibe stehen drei Teller aus Delfter Porzellan. Die zwei kleineren links und rechts sind nur mit Mustern verziert, während auf den größeren in der Mitte eine Windmühle gemalt ist. Links, an der kleinen Wand neben der Eingangstüre, hängen vier Zinnteller. Schräg daneben steht auf drei schon etwas wackeligen Beinen ein altes Spinnrad. Das dunkelbraune Holz, aus dem es gefertigt ist, hebt sich nur schwach von dem düsteren Hintergrund des Ladenraumes ab. Sehr zerbrechlich sieht der hauchdünne, weiße Porzellanschirm der alten Petroleumlampe daneben aus; er paßt gut zu dem überaus reich ziselierten Unterteil der Lampe. In der Mitte der Auslage liegen zwei gekreuzte Degen. Das Metall der Klingen ist nicht mehr blank, und bei dem einen scheint es, als sei sein rundvoll verzierter Griff etwas locker. Na ja, sein einstiger Besitzer konnte nicht gut schonend mit ihm umgehen, wenn er zeigen wollte, daß er die Kunst des Fechtens beherrschte. Zwischen den Degen hat der Ladenbesitzer verschiedene kleinere Dinge aufgebaut: einen Porzellankakadu, einen Kerzenleuchter aus Bronze, drei silberne Serviettenringe und einen Zinnbecher mit dem Stadtbild Münchens. In der rechten Schaufensterecke steht neben einer schlanken, zinnernen Kaffeekanne mit einem langen, dünnen, gleich einem Schwanenhals geformten Ausgießer ein barocker Kerzenständer. Er ist aus Holz geschnitzt und so groß, daß er fast bis an die Decke des Schaufensters reicht. An die Auslage schließt sich eine kleine Anrichte an, die aus rohem Holz gezimmert ist, und auf der noch einige weitere Gegenstände zur Schau gestellt sind. Auf den oberen Regalbrettern lehnen aufrecht, damit man sie besser sehen kann, einige buntleuchtende Teller. Außerdem befinden sich auf der Anrichte noch zwei Steingutkrüge und ein Maßkrug, auf dem ein Jäger mit einem eben erlegten Hirsch abgebildet ist. Ein auf Hochglanz polierter Wasserkessel aus Messing erinnert in seiner Form ein wenig an einen Helm, und ganz vorne steht eine silberne Schatulle. Ihren Deckel schmückt ein Ritter hoch zu Roß. An den Rändern von Deckel und Seitenwänden ziehen sich Bänder von kleinen viereckigen Bildchen entlang. Im Schloß steckt ein kleiner Schlüssel. Was mag wohl einmal in diesem Kästchen aufbewahrt worden sein? – Schmuck?

Wenn ich mir von all dem, was hier ausgestellt ist, etwas aussuchen dürfte, würde ich mich wohl für diese Schatulle entscheiden, aber ich glaube nicht, daß der Antiquar jemals so freigebig sein wird.

FRAGEN:

a) Kannst du dir die Auslage dieses Antiquitätenladens vorstellen, wenn du diesen Aufsatz gelesen hast?
b) Was ließe sich an der Beschreibung [19] verbessern?
c) Was fällt dir an diesen zwei Beschreibungen [18] und [19] – besonders bei Aufsatz [19] – auf?
d) Welchen Zweck erfüllen Einleitung und Schluß bei diesen beiden Arbeiten?

AUFGABE:

Verbessere diejenigen Stellen im Aufsatz [19], die sprachlich schlecht sind!

[20] Der Salomebrunnen

Das Wasser hat schon immer auf den Menschen eine starke Anziehungskraft ausgeübt. Es ist daher nicht verwunderlich, daß viele Musiker, Dichter und Maler versuchen, es in ihren Werken möglichst eindrucksvoll darzustellen. Dem Bildhauer aber ist es vorbehalten, das Strömen und Fließen, Rieseln und Tröpfeln des Elementes selbst mit Hilfe der Technik ganz nach eigenem Willen zu lenken. Die Vielzahl der Möglichkeiten zeigen uns die vielen großen und kleinen Brunnen, an denen München besonders reich ist. Immer wieder kommt ein neuer hinzu. So wurde am 25. Juni des Jahres 1962 zu Ehren des großen Komponisten Richard Strauss der Salomebrunnen in der Neuhauser Straße errichtet.

Die Lage des Brunnens ist sehr günstig. Er wurde auf dem freien Platz vor dem Statistischen Landesamt zwischen der Michaelskirche und dem Kaufhaus Hettlage angelegt; unmittelbar gegenüber befand sich das Geburtshaus des Komponisten, das im letzten Krieg zerstört wurde. Aus einem quadratischen Becken ragt der Brunnenkörper in Form einer sechs Meter hohen, sich nach oben verjüngenden Bronzesäule, die, in sechs Abschnitte unterteilt, fast völlig mit Reliefdarstellungen verziert ist. Über den Rand eines flachen Beckens am oberen Ende der Säule fällt das Wasser in dünnen Schleiern in das Becken. Der Brunnenkörper mit dem herabfallenden Wasser erinnert an eine Palme. Der Wasserschleier läßt aber auch an den Tanz der sieben Schleier Salomes denken. Das sind zwei Gedankenverbindungen zwischen der äußeren Form des Brunnens und den Reliefarbeiten. Die Palme versetzt unsere Gedanken nach Palästina. Die Plastiken und die Inschrift sind Szenen und Zitate aus der Oper „Salome", die Richard Strauss 1905 zum entscheidenden Durchbruch verhalf.

Hier die Handlung der Oper: Im Palast des Tetrarchen Herodes ist der Prophet Jochanaan gefangen. Die Prinzessin Salome will den Gefangenen trotz des strengen Verbotes des Herodes sehen und überredet den Hauptmann Narraboth dazu, ihn aus der Zisterne zu holen. Jochanaan klagt Herodes und vor allem Herodias heftig an und verhält sich abweisend gegen das Begehren Salomes. Dadurch gereizt, verlangt sie, seinen Mund zu küssen. Der verzweifelte Narraboth, der Salome nicht zum Gehen bewegen kann, ersticht sich und fällt zwischen den Propheten und Salome. Angeekelt von dem Verhalten der Prinzessin kehrt Jochanaan in die Zisterne zurück. Herodes, der mit Herodias eintritt, gleitet im Blut des toten Hauptmannes aus und sieht darin ein schreckliches Vorzeichen. Um auf andere Gedanken zu kommen, fordert der Tetrarch Salome auf zu tanzen. Sie willigt erst ein, als Herodes schwört, ihr jeden Wunsch zu erfüllen. Salome tanzt den Tanz der sieben Schleier. Als sie erschöpft zu Füßen des Tetrarchen niedersinkt, verlangt sie den Kopf des Jochanaan auf einer silbernen Schüssel. Herodes erschrickt; vergebens verspricht er Salome seine wertvollsten Schätze. Die Prinzessin besteht aber auf dem Kopf des Propheten, und Herodias zieht dem Herodes den Todesring vom Finger und übergibt ihn dem Henker. Salome wartet voller Ungeduld, bis ihr der Henker Jochanaans Haupt reicht. In einem Zwiegespräch mit dem Kopf beugt sie sich schließlich zu einem Kuß über die Schüssel. Da gibt der Tetrarch den Befehl, Salome zu töten. Unter den Schilden der Soldaten wird sie begraben.

Aus diesem ergreifenden und dramatischen Geschehen stammen die Figuren und Worte auf der Brunnensäule. Im obersten der sechs Abschnitte sieht man die als verführerische Tänzerin dargestellte Salome. Daneben die bewundernden Worte Narraboths: „Wie schön ist die Prinzessin Salome heute nacht!" sowie Gartenanlagen mit Pfauen. Darunter erkennen wir den aus der Zisterne heraufgeholten Propheten und die Prinzessin Salome. Gebannt von seinem Anblick, spricht sie: „Ich muß ihn näher besehen." Neben Jochanaan lesen wir die Stelle aus dem Operntext: „Warum sieht sie mich so an mit ihren Goldaugen unter den gleißenden Lidern?" und „Ich höre die Flügel des Todesengels im Palaste rauschen ..." Eine weitere Darstellung zeigt den mit Fellen bekleideten Propheten. wie er abwehrend die Hände gegen die ihn immer mehr bedrängende Salome hebt und spricht: „Ich höre nur auf die Stimme des Herrn." Der dritte Teil der Säule ist ohne Text. Er zeigt Salome beim Tanz, einmal wild und verführerisch, mit fliegendem Haar und wehenden Schleiern, dann neben dem tanzenden Tod – eine dunkle Vorschau auf das Kommende – und ein drittesmal erschöpft am Boden liegend. „Ich will den Kopf des Jochanaan!" fordert Salome auf dem vierten Teil der Brunnensäule. Die Prinzessin streckt eine Hand fordernd dem Herodes entgegen, der sich entsetzt abwendet und sein Antlitz verbirgt, aber doch nicht widerstehen kann. Dann sehen wir, wie der Henker Salome das geforderte Haupt bringt. Über dem enthaupteten Leib des Propheten erkennt man einen symbolisierten Mond. Er soll an die Worte Salomes erinnern: „Gewiß ist er keusch wie der Mond." Der Bildhauer läßt das Drama seinem Ende und Höhepunkt entgegengehen. Die Prinzessin hält mit dem Haupt Jochanaans Zwiesprache: „Du wolltest mich nicht deinen Mund küssen lassen, Jochanaan!" Über die Silberschüssel gebeugt, spricht sie weiter: „Wohl, ich werde ihn jetzt küssen! Ich will mit meinen Zähnen hineinbeißen ..." Herodes, vom Grauen gepackt, möchte weggehen und flüstert zu Herodias: „Sie ist ein Ungeheuer, deine Tochter", und zieht den Mantel über sein Haupt. Salome aber küßt den Mund des Hauptes auf der Schüssel. „Man töte dieses Weib!" befiehlt Herodes da, und der Bildhauer läßt ihn selbst die über das Haupt Jochanaans gebeugte Gestalt mit dem Schwerte durchbohren. Der Vorhang schließt sich über den Schilden, unter denen der Leichnam Salomes begraben ist.

Richard Strauss, der sieben Jahre in München wirkte und dessen Werke bei den Münchnern besonders beliebt sind, hat mit dem Salomebrunnen von Professor Hans Wimmer ein würdiges Denkmal erhalten.

Literaturangaben:

Süddeutsche Zeitung Nr. 150 vom 23. 6. 62 und Nr. 152 vom 26. 6. 62

Text der Oper nach Oskar Wilde; Verlag Fürstner Ltd., London

BEMERKUNG:

Der Schüler hat in seiner Arbeit versucht, Aussehen und Deutung des Brunnens zu vermitteln. Die getrennte Inhaltsangabe der Oper „Salome" soll die Deutung der auf der Brunnensäule dargestellten Bilder aus der Sage vorbereiten und erleichtern. Die sprachliche Darstellung ist flüssig und klar.

FRAGE:

Was fällt dir bei diesem Aufsatz als Besonderheit auf?

Erörterung und Besinnungsaufsatz

Während der Bericht, den der Schüler häufig geübt hat, die *Darlegung eines Sachverhalts ist*, verlangt die *Erörterung* die *Auseinandersetzung mit einem Sachverhalt.* Der Schüler muß eine Frage sachlich Punkt für Punkt prüfen, die Ergebnisse sinngemäß aneinanderreihen und seine Ansichten überzeugend begründen.

Soll ein Thema in der Form der Erörterung dargestellt werden, dann muß:

1. das Thema gründlich und umfassend behandelt werden,
2. die Arbeit geordnet und sinnvoll aufgebaut werden,
3. anschaulich und beweiskräftig durchgeführt werden.

Um möglichst viele Gedanken zum Thema zu finden, müssen zuerst alle Einfälle niedergeschrieben werden. Dann muß der Schüler diese Gedanken ordnen, damit innerlich zusammengehörende Einfälle in die richtige Reihenfolge gebracht werden. Dabei sollen Einfälle, die nicht zum Thema passen, ausgeschieden werden. Als letzte Arbeit folgt die Gliederung der Hauptpunkte, damit der Aufsatz eine gewisse Steigerung oder Spannung erhält. Um eine sogenannte Planskizze zu erhalten, sind also drei Schritte notwendig:

1. Stoffsammlung,
2. Stoffordnung,
3. Gliederung.

Der Schüler muß die Gliederung *vor* der Ausführung des Aufsatzes anfertigen. Sie wird bei dieser Aufsatzform immer verlangt, weil sie eine Voraussetzung für eine geordnete Darstellung ist. Die äußere Form der Gliederung kann verschieden sein; hier ist die Anweisung des Deutschlehrers maßgebend. Der Aufbau der Gliederung, sozusagen die innere Form, ist vom Thema abhängig. Manche Themen verlangen eine bestimmte innere Form der Gliederung, einen bestimmten Aufbau. Bei gewissen Themen sind verschiedene Möglichkeiten der Gliederung offen.

Wenn man den Sinn der *Einleitung* erfaßt hat, ist es nicht schwierig, sie zu schreiben. Man sucht den Einleitungsgedanken:
einen aktuellen Anlaß,
ein geschichtliches oder zeitgemäßes Beispiel,
einen dem Themabegriff ähnlichen Gedanken,
einen dem Thema gegensätzlichen Begriff usw.

Von diesem Einleitungsgedanken leitet man zum Thema über. Am Ende der Einleitung muß immer das Thema stehen, gerade als ob der Schreiber es dem Leser erst mitteilen müßte.

Dabei ist zu beachten:

a) Schreibe in der Einleitung nichts, was in den Hauptteil, also zum Thema, gehört!
b) Schreibe nur *eine* Einleitung!
c) Hole nicht zu weit aus! Wenn du mit Adam und Eva beginnst, fällt es schwer, mit einem Überleitungssatz bei der Frage nach der Fünftage-Woche zu sein.

Der *Schluß* soll:

1. eine kurze Zusammenfassung des Hauptteils bringen und
2. eine Folgerung oder Anwendung anfügen. Dabei kann der Einleitungsgedanke wieder aufgegriffen oder weiterentwickelt werden*).

Die Erörterung ist oft nur eine Diskussion in schriftlicher Form. Wichtig für die Durchführung von Erörterungen sind die Begriffserklärungen. Bevor ein Thema erörtert werden kann, müssen die einzelnen Begriffe des Themas klar erfaßt sein.

Der *Fachaufsatz* einfacher Art kann vor allem als literarisches Thema gestellt werden. Eingehende Kenntnis des Werkes erweist sich dabei als wichtiger für das Gelingen eines solchen Aufsatzes als die Kenntnis einiger Besprechungen dieses Werkes. Erforderlich ist ein fachgerechter, übersichtlicher Aufbau. Fremde Textstellen müssen immer als Zitate kenntlich gemacht werden, dürfen auch nicht verändert wiedergegeben werden. Quellen müssen angegeben werden. In diesem Sinne ist der Fachaufsatz eine Erörterung über ein literarisches Thema.

Aufsätze über *Redensarten und Sprichwörter* werden nicht häufig

*) Siehe auch Wilhelm Eggerer, Vom Thema zum Aufsatz, Manz Verlag.

verlangt; sie sind nicht mehr so beliebt wie früher. In den Lehrplänen wird meistens freigestellt, ob die wörtliche und die übertragene Bedeutung und ihre Erläuterung durch Beispiele verlangt werden oder nicht.

Diese Aufsätze sind jedoch eine gute Einführung in die Aufsatzform der Erörterung, da sie Gliederung, Aufbau und Ausführung der Gedanken fordern und so die Erörterung einer aufgeworfenen Frage vorbereiten.

Wenn der Schüler nicht nur eine Frage erörtert, d. h. die Vorzüge und Nachteile anführt, sondern wenn er auch persönlich Stellung nehmen soll zu einer Frage, dann ist der Schritt von der Erörterung zum Besinnungsaufsatz getan. Der Besinnungsaufsatz wird vor allem auf der Oberstufe der Gymnasien verlangt. Er wird in der letzten Klasse der Mittelstufe aber bereits mit einfachen Fragen vorbereitet. Auch in dieser Sammlung sind einige Themen, die von der Erörterung zum Besinnungsaufsatz überleiten.

[21] Wer den Kern haben will, muß die Schale knacken

Ein jeder von uns möchte es einmal zu etwas bringen, einen anständigen Beruf erlernen und vielleicht einmal Großes erreichen. Manchmal, wenn die Unannehmlichkeiten zu groß zu werden scheinen und wir vielleicht unser Ziel schon aufgeben möchten, weil uns die Schwierigkeiten unüberwindlich scheinen, dann will uns das Sprichwort „Wer den Kern haben will, muß die Schale beißen“ zu neuem Mut aufstacheln.

Von einer Nuß und ihrem Kern spricht der wörtliche Sinn. Willst du den süßen Kern einer Nuß verzehren, so mußt du zuerst die harte Schale knacken. Denke nur daran, wieviel Mühe du hast, wenn du die Schale einer Paranuß öffnen willst, um zum guten Inneren zu gelangen! Der Kern jedoch belohnt deine Mühe.

Der heutige Sinn dagegen will uns lehren, daß man, wenn man ein großes Ziel erreichen will, zuerst viele Unannehmlichkeiten und Schwierigkeiten überwinden muß.

Von der Wahrheit des Sprichworts auch heute noch überzeugen uns viele Beispiele:

Zwei Bergsteiger wollen einen Gipfel erzwingen. Stundenlang hängen sie in der Wand und müssen unzählige Mühen auf sich nehmen. Große Umwege sind zu beschreiten, und die Schwierigkeiten drohen manchmal, ihren Plan zunichte zu machen. Sie aber knacken die Schale und werden oben am Gipfel von der herrlichen Rundsicht belohnt.

Auch in der Schule zeigen uns viele Beispiele, wie wahr das Sprichwort ist. Ein Schüler hat viele Jahre einen Beruf vor Augen. Oft drohen die Unannehmlichkeiten des Lernens, sein Streben umsonst zu machen. Überwindet er sich jedoch, schafft das Abitur und erlernt den erhofften Beruf, so hat er den „Kern" und freut sich, daß er die „Schale geknackt" hat.

Auch der Forscher, der jahrelang an einer Erfindung arbeitet, muß zuerst Dutzende von Mißerfolgen einstecken. Vielleicht arbeitet er schon Jahre hindurch an dieser wissenschaftlichen Arbeit und wollte schon mehrmals aufgeben. Aber immer wieder raffte er sich auf und machte weiter. Hat er eines Tages Erfolg, so ist er um so mehr erfreut und wird durch Geld und Ruhm reichlich für seine Ausdauer belohnt.

Ähnliche Sprichwörter, wie z. B.: „Ohne Fleiß kein Preis" oder „Vor den Erfolg haben die Götter den Schweiß gesetzt", wollen uns auch mahnen, wenn wir meinen, der Erfolg falle uns in den Schoß.

Viele Menschen, besonders in der heutigen Zeit, knacken die Schale nicht. Sie meinen, auf bequemem Wege genauso zum Ziele zu gelangen. Wenn sie dann merken, daß diese Ansicht falsch war, ist es meist zu spät, um umzukehren, und sie müssen feststellen, daß sie, wenn sie dem so wahren Sprichwort geglaubt hätten, heute besser daran wären.

FRAGEN:

a) Hat der Schüler den Sinn des Sprichworts richtig erfaßt?
b) Passen die angeführten Beispiele zum Sinn des Sprichworts?

AUFGABE:

Schreibe zu diesem Aufsatz die Gliederung!

[22] Alle ungeschickten Arbeiter schimpfen auf ihr Werkzeug

Vor einer Woche war in der Klasse 8d Mathematik-Schulaufgabe. Hans saß in der Bank und kaute an seinem Füllfederhalter. Vor sich hatte er die Angabe liegen. Daneben lag das noch immer unbeschriebene Schulaufgabenpapier. Hans überlegte und überlegte, aber es fiel ihm die Lösung für ... nicht ein. Da die Zeit drängte, mußte er anfangen. Schnell kritzelte er die Zahlen auf das Papier. Bei der Geometrie-Aufgabe machte er alles schnell, schnell und nur ungefähr. Er verzeichnete sich auch oft und mußte viel radieren. Als er einmal einen Winkel von 40° antragen sollte, verrutschte ihm der Winkelmesser, und so wurden es 50°. Als die Arbeit dann beim Glockenzeichen abgegeben werden mußte, war er gerade bei der Hälfte.

Am nächsten Tage wurde die Schulaufgabe herausgegeben. Bange wartete Hans, bis sein Name genannt wurde. „Hans Huber, 5!" ertönte die Stimme des Lehrers.

Als Hans an diesem Tag heimkam, erwartete ihn schon seine Mutter an der Türe. „Na, Hans, was hast du denn für eine Note in der Mathematik-Schulaufgabe bekommen?" fragte sie. Der Bub sagte es ihr und zeigte ihr die Schulaufgabe. Da fing sie an zu schimpfen und rief: „Wenn das der Vater sieht, dann kannst du etwas erleben. Und was steht denn da? Unleserlich und ungenau!" – „Ja, Mutti, mein Füller, das Gelumpe, hat so gepatzt, und außerdem ist mein Winkelmesser ungenau, weil er statt 40° 50° angezeigt hat. Und mein Radiergummi ist auch so schlecht! Anstatt zu radieren, macht er lauter schwarze und rote Wischer aufs Blatt!" – „Na, das wirst schon du gewesen sein, der gepatzt hat. Wahrscheinlich hast du auch den Winkelmesser verrutscht und wirst den Radiergummi beim letzten Radieren nicht geputzt haben. Ja, ja, alle ungeschickten Arbeiter schimpfen auf ihr Werkzeug!"

BEMERKUNG:

Dieser Aufsatz zeigt eine passende Situation auf, in der das Sprichwort entstanden sein könnte. Die sprachliche Darstellung ist lebendig.

[23] Was habe ich zu beachten, wenn ich eine Erörterung schreiben soll?

Gliederung

A) Das Aufsatzschreiben erfordert die Anwendung gewisser Regeln.

B) Was habe ich zu beachten, wenn ich eine Erörterung schreiben soll?

   I. Bei der Stoffsammlung:

   1. daß sie das Thema von allen Seiten betrachtet,
   2. daß jeder Punkt auf die Themafrage antwortet.

   II. Bei der Gliederung:

   1. daß keiner der übergeordneten Punkte in einem anderen enthalten ist,
   2. daß sie in Sätzen geschrieben wird,
   3. daß sie alle Punkte enthalten muß.

   III. Beim Aufsatz:

   1. Bei der Einleitung:
      a) daß sie schnell auf das Thema hinführt,
      b) daß sie keinen Aufsatzpunkt vorausnimmt.
   2. Beim Hauptteil:
      a) daß die wichtigen Punkte am Schluß stehen,
      b) daß die Punkte ausführlich behandelt werden.
   3. Beim Schluß:
      a) daß er den Leser vom Thema wegführt,
      b) daß er den Leser zum Nachdenken anregt.

   IV. Bei der äußeren Form:

   1. daß der Aufsatz in Absätze gegliedert ist,
   2. daß die Gliederung auf einer eigenen Seite steht.

C) Wenn man die angeführten Regeln beachtet, wird die Erörterung gelingen.

Ausführung

Wenn ein Aufsatz gut werden soll, muß man sich an viele Regeln halten. Deshalb habe ich auch, wenn ich eine Erörterung schreibe, vieles zu beachten.

Bevor ich mit dem Aufsatz beginnen kann, muß ich mir eine Stoffsammlung anlegen. Alles, was ich über das Thema weiß, schreibe ich mir wegen der Übersichtlichkeit in Stichpunkten untereinander auf ein Schmierblatt. Die Sammlung soll möglichst vollständig sein und das Thema von allen Seiten betrachten. Wichtig ist, daß jedes Stichwort auf die Themafrage antwortet.

Wenn ich mit der Sammlung fertig bin, versuche ich, die vielen Einzelpunkte unter allgemeine Begriffe einzuordnen. Dabei muß ich aufpassen, daß keiner der übergeordneten Begriffe schon in einem anderen enthalten ist. Jeder der Punkte muß in sich abgeschlossen sein und darf andere nicht wiederholen. Nun ordne ich die übergeordneten Gliederungspunkte in der richtigen Reihenfolge und setze die Gliederung auf, damit ich später noch etwas verändern kann. Sie muß in Sätzen geschrieben werden und muß alle Punkte, die später im Aufsatz vorkommen sollen, enthalten.

Nun kann ich mit dem eigentlichen Aufsatz beginnen. Er besteht aus Einleitung, Hauptteil und dem Schluß. Jeder dieser drei Teile hat eine besondere Aufgabe zu erfüllen.

In der Einleitung soll der Leser auf das Thema hingeführt werden. Deshalb muß ich mit allgemeinen Gedanken beginnen und zum Schluß direkt auf das Thema hinweisen. Ich darf aber nicht zu weit ausholen und mit den einfachsten Feststellungen beginnen, wie z. B.: „In jeder Schule werden Aufsätze geschrieben ...", denn sonst wird die Einleitung zu lang und verwirrt den Leser nur. Wenn sie aber richtig geschrieben ist, muß man, ohne den Titel zu lesen, erkennen, um was es in diesem Aufsatz geht. Außerdem darf ich auch keine Punkte, die später im Hauptteil angeführt werden, in der Einleitung schreiben.

Im Hauptteil wird das Thema ausgeführt. Ich beginne mit den weniger wichtigen Punkten und stelle die Hauptsache, um eine Steigerung zu erzielen, an den Schluß. Die Hauptpunkte führe ich dann am weitesten aus und belebe sie durch eigene Erlebnisse und Erfahrungen. Die einzelnen Abschnitte verbinde ich durch kurze Sätze oder Bindewörter; dadurch wird der Hauptteil zu einem einheitlichen Ganzen.

Wenn ich mit den Ausführungen fertig bin, muß ich den Aufsatz noch durch einen Schlußgedanken abrunden. Dabei habe ich verschiedene Möglichkeiten. Entweder fasse ich das Thema kurz zusammen, oder ich rege den Leser durch einen allgemeinen Gedanken zum Nachdenken an.

Damit die Gliederung der Erörterung auf den ersten Blick zu erkennen ist, muß ich nach der Einleitung und nach dem Hauptteil eine neue Zeile beginnen. Nach jedem übergeordneten Punkt im Hauptteil mache ich auch einen Absatz, dadurch wird der Aufsatz übersichtlicher und läßt sich besser lesen. Damit man den Aufsatz, während man ihn liest, mit der Gliederung vergleichen kann, schreibt man diese auf eine neue Seite.

Wenn ich alle diese Regeln beachte und dazu noch passende Einfälle habe, muß jede Erörterung, die ich schreibe, gelingen.

FRAGEN:

a) Kannst du diesen Aufsatz als Anleitung benützen, um eine brauchbare Erörterung zu schreiben?
b) Ordnen die Gliederungspunkte die Gedanken des Hauptteils?

AUFGABEN:

Schreibe eine Erörterung zu einem der folgenden Themen:

1. Was habe ich zu beachten, wenn ich eine Inhaltsangabe (einen Bericht, eine Facharbeit, einen Lebenslauf) schreiben soll?
2. Was habe ich zu beachten, wenn ich eine Schilderung (ein Stimmungsbild) schreiben soll?
3. Was soll man beim Briefschreiben beachten?

[24] Wovon hängt mein Erfolg in einer Schulaufgabe ab?

Gliederung

A) Jeder Schüler muß Jahr für Jahr Schulaufgaben schreiben.

B) Wovon hängt mein Erfolg in einer Schulaufgabe ab?

- I. Von der Vorbereitung:
  - 1. In Englisch und Französisch:
    - a) Wörter lernen,
    - b) Grammatik üben,
    - c) Hefte durchlesen.
  - 2. In Mathematik:
    - a) Aufgaben lösen,
    - b) Lehrsätze durchlesen,
    - c) Hausaufgaben durchlesen.

3. In Chemie und Physik:
   a) Formeln,
   b) Stichpunkte,
   c) Hefte und Buch durchlesen.
4. In Deutsch:
   a) Satzzeichen,
   b) Hausaufgaben durchlesen,
   c) Grundregeln der Aufsatzgattung wiederholen.
5. In Biologie und Wirtschaftskunde:
   a) Lehrbücher studieren,
   b) Hefte zur Hand nehmen und lernen.

II. Mitarbeit im Unterricht:
   a) Fragen stellen,
   b) sich rühren,
   c) tatkräftig mitwirken.

III. Betriebsfertiges Handwerkszeug:
   a) gefüllter Füller,
   b) gespitzte Bleistifte,
   c) Lineal und Zirkel.

IV. Begabung:
   a) in Naturkundefächern,
   b) in technischen Dingen,
   c) in Sprachen.

C) Bedeutung in anderen Prüfungen, besonders im Abitur.

Ausführung

Als Schüler einer höheren Schule muß ich nun einmal Jahr für Jahr etliche Schulaufgaben schreiben. Dabei taucht oft die Frage auf, wovon denn eigentlich mein Erfolg in einer Schulaufgabe abhängt.

In erster Linie muß ich mich natürlich fest und gewissenhaft auf eine Schulaufgabe vorbereiten. Dabei unterscheide ich Hauptfächer und Nebenfächer. Ist eine Schulaufgabe im Englischen bzw. im Französischen angesagt, so muß ich vor allem Wörter „pauken" und Grammatik lernen. Aber auch ein wiederholtes Durchlesen bereits angefertigter und verbesserter Hausaufgaben und Übersetzungen ist mir von großem Nutzen. Steht jedoch eine Mathematikschulaufgabe vor der

Tür, so löse ich Aufgaben aus dem Buch, lerne Lehrsätze und fisele Hausaufgaben Punkt für Punkt durch. Auch für Chemie- und Physikschulaufgaben muß ich fleißig im Heft und im Buch lernen, das Umstellen von Formeln üben und sie begreifen und anwenden können. Dabei erleichtere ich mir die Vorbereitung und schaffe mir Übersicht, indem ich mir Stichpunkte aufschreibe und sie sinnvoll ordne, mir also ein kleines Hilfsgedächtnis zum Lernen anlege.

Eine Deutschschulaufgabe dagegen verlangt von mir ein präzises Lernen von Grundregeln, die die Grundsteine einer jeden Aufsatzgattung bilden. Ebenso gehört das Wiederholen von Satzzeichenregeln und das Durchlesen von Hausaufgaben zu meinem Schlachtplan. Etwas leichter ist die Arbeit bei einer Biologie- und Wirtschaftskundeschulaufgabe. Hier muß ich nur gründlich meine Lehrbücher durchexerzieren, meine Hefte zur Hand nehmen und lernen. Auch da mache ich mir Stichpunkte.

Doch dies alles reicht noch lange nicht, wenn ich nicht stets in der Schule wie ein Luchs aufpasse, hie und da bei wichtigen Themen mitstenographiere und Fragen stelle, wenn ich mir über etwas nicht im klaren bin. Ebenso ist es für mich eine große Hilfe, daß ich mich im Unterricht fest rühre und tatkräftig mitarbeite.

Voraussetzung für eine Schulaufgabe sind allerdings ein intakter Füller, gespitzte Bleistifte, Lineale und, wenn nötig, Zirkel und Farben.

Natürlich gehört auch Begabung dazu. Mir liegen z. B. kaufmännische und technische Dinge besser als Sprachen.

Wenn ich nun alle meine aufgeführten Regeln genau beachte und nicht nervös bin, so kann ich einer Schulaufgabe ruhig ins Auge schauen. Doch auch im täglichen Leben und in sonstigen Prüfungen werden mir meine Grundregeln sicher einmal von großem Nutzen sein. Ich erinnere dabei nur ans Abitur.

FRAGE:

Welche Ausdrücke gehören der Schüler-Umgangssprache an, nicht der Hochsprache?

BEMERKUNG:

Dieser Aufsatz ist frisch und gewandt geschrieben und führt wesentliche Gesichtspunkte zum Thema an. Auch die Gliederung zeigt, daß der Schüler das Thema geistig bewältigt hat. Der Aufsatz weist jedoch noch die Mängel bei Erörterungsaufsätzen auf, die für Anfänger dieser Aufsatzgattung kennzeichnend sind: Der Schüler stellt nur Behauptungen auf, ohne deren Richtigkeit durch Beispiele überzeugend zu beweisen bzw. Folgerungen zu ziehen.

AUFGABE:

Schreibe diesen Aufsatz neu, wobei du die angeführten Gedanken übernimmst, aber deren Richtigkeit beweist!

[25] Inwiefern sind wir heutigen Menschen von der Technik abhängig geworden?

Gliederung

A) Der Mensch der Gegenwart ist so stark in den Bann der Technik gezogen worden, daß er sich von ihr nicht mehr zu lösen vermag.

B) Inwiefern sind wir heutigen Menschen von der Technik abhängig geworden?

I. Schon beim morgendlichen Aufwachen gebrauchen wir die Technik:
1. durch Lichtanmachen,
2. im Waschraum (Warmwasser),
3. in der Küche am Herd.

II. Auf dem Weg zur Arbeit:
1. Straßenbahn,
2. Zug,
3. Taxi.

III. Um zu zeigen, wie stark der Mensch die Technik braucht, nehmen wir das Beispiel „New York am Abend ohne Strom“:
1. Die U-Bahnen blieben stecken;
die Menschen konnten nicht nach Hause fahren.
2. Sämtliche Lichter gingen aus;
Autos kamen nicht mehr weiter.
3. In den Krankenhäusern nur mangelhafter Strom.

C) Der Mensch kann sich von der Technik nicht mehr lösen.

Ausführung

A) In dem Moment, wo der monotone Alltagsmensch aufwacht, beginnt er sofort, die Technik zu gebrauchen. Er denkt sich nichts mehr dabei, wenn er sein Nachttischlämpchen anmacht, wenn er seinen Kaffee kocht. Nur in der Sekunde, in der die Technik versagt, steht er ihr völlig ratlos gegenüber und weiß sich nicht zu helfen. Da erst merkt er, wie stark er in den Bann der Technik geraten ist und ohne sie nicht mehr auskommen kann.

B) I. Um direkt das Beispiel des morgendlichen Aufwachens zu nehmen. Schon darin sehen wir die Abhängigkeit des Menschen von der Technik. Wenn er am Morgen Licht anmacht, um in sein Zimmer Gemütlichkeit und Helligkeit zu bringen, wenn er sich im Badezimmer des Warmwassers bedient und sich mit dem elektrischen Rasierapparat rasiert, dann nur durch die Technik.

II. Sowohl auf dem Weg zur Arbeit, zu welcher er die Straßenbahn, das Taxi, das er telefonisch bestellt hat, und mancher sogar den Zug benutzt, als auch bei der Arbeit selber, wo er vielleicht als Bauarbeiter angestellt ist und dort die elektrische Kreissäge, den elektrischen Bohrer, wie fast sämtliche Hilfsmittel, die nur durch die Elektrizität betrieben werden können, bedient, dann nur durch die Technik.

III. Ein Versagen der Technik vor nicht allzu langer Zeit in Nordamerika zeigte uns deutlich die Abhängigkeit von der Technik. Am Abend fiel in New York plötzlich die gesamte Elektrizität aus. Menschen, die am Abend von ihrer Arbeit kamen, blieben mit den U-Bahnen stecken. Die darin fahrenden Leute konnten nicht nach Hause gelangen. Sämtliche Lichter sowohl in den Privathäusern als auch in den Fabriken fielen aus. Die Autos kamen nicht mehr weiter, und in den Krankenhäusern war nur mangelhaft Strom, so daß viele Operationen abgesagt werden mußten.

C) Ohne die Technik und insbesondere ohne Elektrizität, die ja eine Errungenschaft der Technik ist, kann der Mensch nur im geringsten Maße auskommen.

FRAGEN:

a) Suche in der Gliederung den Fehler in der Gedankenführung!
b) Welche Fehler in der sprachlichen Darstellung fallen dir auf?

c) Erfüllt dieser Aufsatz die Forderungen, die an eine Erörterung zu stellen sind?

AUFGABE:

1. Schreibe diesen Aufsatz neu und begründe dabei deine Behauptungen!
2. Schreibe eine Erörterung zu dem Thema: „Welche Nachteile bringt das Leben in der Millionenstadt München für die Bewohner mit sich?“
3. Bearbeite das Thema „Welche Vorteile hat das Leben in einer Großstadt?“

[26] Worin siehst du die Vorzüge unseres neuen Schulgebäudes für die Schüler?

Gliederung

A) Neben wenigen Mißständen gibt es in unserer Schule doch viele Vorteile für den Schüler.

B) Worin siehst du die Vorzüge unseres neuen Schulgebäudes für den Schüler?

I. Durch die vielen Neuerungen an unserer Schule ist der Unterricht nicht mehr so langweilig:

1. Größere Übungsmöglichkeiten und Vorführungsmöglichkeiten machen ihn interessanter:
   a) Physikübungen und Chemieübungen,
   b) schon im Unterricht Vorführungen,
   c) Filme in Biologie,
   d) Schulgarten.
2. Mehr Möglichkeiten im Turnunterricht:
   a) großer Fußballplatz,
   b) zwei Turnsäle mit vielen Geräten (Trampolin),
   c) Handballplatz und Basketballplatz.

II. Durch den Neubau können wir auch in Wahlfächern und sonstigen Gruppen unter normalen Umständen arbeiten:

1. Werkunterricht und Wahlzeichnen:
   a) Zwei große Werkräume mit Werkzeugen,
   b) Brennofen,
   c) zwei geräumige Zeichensäle.

2. Instrumentalunterricht:
   a) Platz für die Kurse,
   b) Aufbewahrungsschränke für Noten und Instrumente.
3. Spielgruppe:
   a) große Freilichtbühne,
   b) Bühne zum Aufbauen im Turnsaal.

III. Sonstige Vorzüge:
1. Sanitäre Anlagen:
   a) Waschräume im Turnsaal,
   b) Klosettpapier.
2. Weg und Lage:
   a) Für mich kürzerer Schulweg,
   b) ruhige Lage mit Blick nach Süden.
3. Keine Wanderklassen, allein in der Schule, schöne Zimmer.

C) Jeder sollte froh sein, in einem so schönen Haus zur Schule gehen zu dürfen.

Ausführung

Seit knapp zwei Jahren hat unsere Schule ihren Sitz in einem neuen Gebäude an der ... straße. Wie bei vielen neuen Dingen, so haben sich auch in unserem Haus einige Mängel bemerkbar gemacht, und deshalb beklagen sich unsere Schüler sehr oft und lassen an dem schönen Gebäude kein gutes Haar. Trotzdem oder gerade darum sollte sich jeder einmal Gedanken darüber machen, welch große Vorzüge uns die neue Schule doch bietet.

Besonders der Unterricht hat sich in manchen Fächern gewaltig verändert. Größere Übungs- und Vorführmöglichkeiten machen der Schülerschaft die oftmals sehr langweiligen Physik- und Chemiestunden schmackhafter. Jede Woche einmal kann die Hälfte einer Klasse im modern eingerichteten Übungsraum das, was sie im Unterricht gehört hat, durch eigene Versuche leichter verstehen oder ergänzen. Ebenso ist es im Chemieunterricht, wo – wie in Physik – die Lehrsätze und Naturgesetze durch Versuche bewiesen werden. So freut man sich doch, auch wenn man das Gegenteil behauptet, auf die Stunde und kapiert es leichter. Auch im Biologieunterricht können wir jetzt die Pflanzen oftmals im Garten betrachten. Filme und Lichtbilder zeigen uns das

Leben der Tiere und wecken vielmals sogar im Uninteressierten ein Interesse für die Natur. Wie anders war es dagegen in der alten Schule, wo höchstens ein- oder zweimal im Jahr im dunklen und niedrigen Übungsraum im Keller ein Film gezeigt wurde.

Nicht nur Physik, Chemie, Biologie, auch die Turnstunden haben sich mit dem Einzug in die neue Schule gewaltig geändert. Zwei große Fußballplätze erlauben jetzt den Schülern anregende Spiele und Turniere. Turnstangen, Seile und viele andere Geräte ermöglichen wirklich echtes Turnen, und vor allem die zwei neuen Trampoline begeistern die Schüler. Außerdem haben wir jetzt einen asphaltierten Handballplatz, der auch als Tennis- und Basketballplatz verwendet werden kann.

Wer ein Wahlfach gewählt hat oder in sonst einer Gruppe der Schule ist, wird es schon gemerkt haben: Erst jetzt kann man richtig werken und unter normalen Umständen die Wahlzeichenstunden abhalten. Jetzt ist der Bastler nicht mehr eingeengt; zwei große Werkräume und fachgerechte Werkzeuge stehen zur Verfügung. Im Brennofen für mehrere tausend DM können die selbstgefertigten Töpfe und Vasen gebrannt werden. Im Technischen Zeichnen können die Teilnehmer in zwei großen Zeichenräumen ohne Einengung oder Platznot arbeiten.

Neben den Wahlfächern macht auch der Instrumentalunterricht jetzt mehr Spaß. Nur unter schwierigsten Umständen konnte in der alten Schule musiziert werden. In kleinen Kammern im 3. Stockwerk mußten die Orchesterproben abgehalten werden. Im neuen Gebäude ist genügend Platz für Orchester und Instrumentalunterricht; Schränke zur Aufbewahrung der Noten und Baßgeigen stehen zur Verfügung. Nicht zuletzt hat die Spielgruppe einen großen Aufschwung erfahren. Kein Wunder, eine zusammenlegbare Bühne und eine große Freilichtbühne spornen die Spieler zu großen Leistungen an und geben einen eindrucksvollen Rahmen bei Aufführungen.

Außer diesen Vorzügen gibt es auch noch viele andere Verbesserungen, die den Schülern das Leben in der Schule angenehmer machen. Die sanitären Anlagen z. B. sind in unserem neuen Schulhaus einwandfrei. Während im alten Gebäude auf dem Abort Klosettpapier eine Seltenheit war, so wird man jetzt kaum einen Abort finden, in dem es an dieser Selbstverständlichkeit fehlt. Zu diesem Punkt gehören auch die

Waschräume im Turnsaal. Ein Raum mit Waschbecken und Duschen ermöglicht es, daß sich die schwitzenden Schüler nach dem Turnen abwaschen können.

Ein wichtiger Punkt für mich ist die nahe Lage meiner Wohnung zur Schule. Kaum zehn Minuten habe ich zu gehen, um zur Schule zu kommen. Nebenbei finde ich auch die herrliche Lage der Schule ein Plus für die Schüler. Mit den Klassenzimmern nach Süden haben wir auch bei nur geringem Sonnenschein warme Zimmer, und bei Föhn sehen wir die Alpen.

Einen großen Vorteil bietet es auch, daß wir jetzt alleine in unserem Haus sind und genügend Platz haben. Wer einmal in einer Wanderklasse war, wird wissen, was es heißt, jede zweite Stunde in ein anderes Zimmer zu gehen. Oft waren zu wenig Stühle da, und wir mußten uns aus anderen Zimmern Stühle holen. Wie anders ist es da in hellen und sonnigen Zimmern und mit anständigen Stühlen.

Aus diesen Punkten wird ein jeder ersehen, daß es neben einigen Mißständen doch auch sehr viele Vorteile in unserem neuen Gebäude gibt. Deshalb sollte jeder, bevor er zu schimpfen anfängt, die guten Seiten berücksichtigen und froh sein, in einem so schönen Bau in die Schule gehen zu dürfen.

BEMERKUNG:

Inhaltlich bietet dieser Aufsatz viel Stoff und führt wesentliche Gesichtspunkte zum Thema an. Der Schüler ist auch bemüht, die Gedanken zu erörtern sowie seine Behauptungen zu beweisen. Die sprachliche Darstellung ist an manchen Stellen etwas eintönig, im ganzen jedoch sachlich und klar. Die Gliederung ist gut durchdacht und ausgewogen.

FRAGEN:

a) Erfüllt die Einleitung ihren Zweck?
b) Von welchem Gedanken geht die Einleitung aus?
c) Wie knüpft der Schluß an die Einleitung an?

Welche Aufgaben hat das Rote Kreuz?

Gliederung

A) Die Erlebnisse nach der Schlacht von Solferino veranlaßten den Schweizer Henry Dunant, das Rote Kreuz zu gründen.

B) Welche Aufgaben hat das Rote Kreuz?

I. Die Aufgaben des Roten Kreuzes bei Katastrophen:

1. Aufgaben in Kriegszeiten:
   a) Sanitäter versorgen die Verwundeten an der Front.
   b) Das Pflegepersonal in den Lazaretten gehört zum Roten Kreuz.
   c) Das Rote Kreuz kümmert sich um die Kriegsgefangenen.
   d) Nach einem Krieg nimmt das Rote Kreuz die Suche nach Vermißten auf.
   e) Flüchtlingen wird bei einem neuen Anfang geholfen.
   f) Spätheimkehrer werden zu ihren Familien gebracht.
2. Aufgaben bei Naturkatastrophen:
   a) Kranke und Verletzte werden in Krankenhäuser gebracht.
   b) Notwendige Medikamente werden beschafft.
   c) Die Betroffenen werden mit Lebensmitteln und mit Kleidung versorgt.

II. Die Aufgaben des Roten Kreuzes im Alltag:

1. Bei Unfällen leistet das Rote Kreuz Erste Hilfe.
2. Kranke werden in Kliniken gebracht.
3. In vielen Krankenhäusern arbeiten Rote-Kreuz-Schwestern.
4. Das Rote Kreuz unterrichtet kostenlos in „Erster Hilfe".
5. Aufklärung über die Gefahren am Arbeitsplatz.

C) Das Rote Kreuz hat sich zu einer übernationalen Organisation entwickelt.

Ausführung

Die Erlebnisse nach der Schlacht von Solferino veranlaßten den Schweizer Henry Dunant, eine Gesellschaft zu gründen, deren Mitglieder die verwundeten Soldaten versorgten. Sie wurde nach ihrem Symbol, dem roten Kreuz, benannt. Welche Aufgaben hat das Rote Kreuz?

Seine größten Aufgaben hat das Rote Kreuz in Kriegen zu erfüllen.

Sanitäter tragen Verwundete oft unter Einsatz ihres Lebens aus der Frontlinie und leisten Erste Hilfe. In den Lazaretten wird der Verwundete ebenfalls von Angehörigen des Roten Kreuzes gepflegt, ganz gleich, ob er „Freund oder Feind“ ist. Auch um die vielen Kriegsgefangenen kümmert sich die Organisation. Sie erhalten nicht nur materielle Hilfe, sondern auch Briefe von Verwandten werden zugestellt. Die Regierungen werden ersucht, das Los der Gefangenen zu erleichtern, und bei Kriegsende sorgt das Rote Kreuz für eine Rückkehr der Gefangenen. Aber damit ist die Arbeit noch nicht beendet. In langwieriger Suche wird das Schicksal von Vermißten geklärt, Flüchtlingen wird geholfen, ein neues Leben zu beginnen, und Spätheimkehrer werden zu ihren Familien geführt.

Nicht nur im Krieg, auch bei Naturkatastrophen hilft das Rote Kreuz. Seine Helfer bringen Kranke und Verletzte in Krankenhäuser; dringend benötigte Medikamente werden beschafft. Die Menschen in den Katastrophengebieten, die oft alles verloren haben, werden mit Wasser, Lebensmitteln und Kleidung versorgt, damit sie überleben können, bis wieder geordnete Verhältnisse herrschen.

Die Aufgaben des Roten Kreuzes sind nicht auf Katastrophen beschränkt. Bei Unfällen sind nach kurzer Zeit Wagen des Roten Kreuzes zur Stelle und bringen Hilfe. Wenn es nötig ist, werden die Verletzten in Krankenhäuser gebracht, in denen oft Rote-Kreuz-Schwestern die Pflege der Kranken übernehmen. Aber das Rote Kreuz lindert nicht nur entstandene Wunden, sondern will vor allem ihre Entstehung verhüten. Das Rote Kreuz bildet kostenlos in „Erster Hilfe“ aus, und in den meisten Fabriken sind Plakate angeklebt, die die Arbeiter zur Vorsicht am Arbeitsplatz mahnen.

Das Rote Kreuz hatte ursprünglich die Aufgabe, die Schäden des Krieges zu beseitigen. Inzwischen hat es sich zu einer übernationalen Organisation entwickelt, die überall in Notgebieten helfen kann. Es kann ihm sogar die Aufgabe übertragen werden, die Wunden eines Krieges nicht nur zu „verbinden“, sondern einen Krieg zu verhindern, wie die Kuba-Krise zeigte.

Bemerkung:

Der Schüler hat wesentliche Aufgaben des Roten Kreuzes zusammengestellt und sprachlich klar dargestellt, aber nicht die entsprechenden

Folgerungen aus den angeführten Behauptungen gezogen. Daher fehlt diesem Aufsatz die Beweisführung für die Richtigkeit der Gesichtspunkte, die der Schüler anführt.

AUFGABE:

Schreibe eine Erörterung zu dem Thema: „Welche Aufgaben hat die Polizei in unserem Staat zu erfüllen?"

[28] Welche Folgen hatte die Erfindung der Dampfmaschine?

Gliederung

A) Der Schotte James Watt erbaute die erste Dampfmaschine.

B) Welche Folgen hatte die Erfindung der Dampfmaschine?

I. Unmittelbare Folgen waren:

1. Die Dampfmaschine als neue Energiequelle begründete die moderne Industrie:
   a) im Bergbau,
   b) im Textilgewerbe,
   c) im Maschinenbau.
2. Es gab viele Arbeitslose.

II. Mittelbare Folgen waren:

1. Der Handel erfuhr starken Aufschwung.
2. Neue Verkehrsmittel entstanden:
   a) Dampfschiff,
   b) Dampflokomotive.
3. Die kapitalistische Erwerbswirtschaft kennzeichnete sich durch:
   a) Massenherstellung von Gebrauchsgegenständen,
   b) Gleichförmigkeit der hergestellten Ware.
4. England erlangt Vormachtstellung.

C) Die Entdeckung der Atomenergie wird auch große Folgen haben.

Ausführung

Die großen naturwissenschaftlichen Entdeckungen im 18. Jahrhundert ermöglichten es, daß sich der Mensch erfolgreich bemühte, die schon im Altertum bekannten Kräfte des Wasserdampfes in seinen Dienst zu stellen. Man schrieb das Jahr 1774, als der Schotte James

Watt nach jahrzehntelangen Versuchen die erste brauchbare Dampfmaschine erbaute. Watt wird noch heute als einer der größten Erfinder geehrt. Welche Folgen hatte die Erfindung der Dampfmaschine?

Als der Mensch die Dampfmaschine noch nicht kannte, war er auf Wasser, Wind, seine Muskelkraft und die Kraft der Tiere angewiesen. Das Wasser setzte die Mühle in Bewegung, der Wind trieb das Windrad an. Doch die Hauptkraftspender des Menschen waren seine eigenen Muskeln. Zu nur wenigen Arbeiten konnte das Tier verwendet werden. Die neue, starke und billige Energiequelle Dampf ermöglichte es nun dem Menschen, rationeller zu arbeiten. Zunächst wird die Dampfmaschine im Bergbau eingesetzt. Sie pumpt jetzt spielend das Grubenwasser aus den Schächten, gegen welches Muskelkraft ohnmächtig war. Dadurch können die Schächte tiefer hinabgeführt werden, und die Förderung steigt stetig an. Durch die Erfindung von Schwungrad und Pleuelstange ist es nun auch möglich, andere Maschinen anzutreiben. So setzt eine Dampfmaschine über lange Transmissionen eine ganze Reihe von Spinnmaschinen und Webstühlen in Bewegung: es entsteht die Fabrik im heutigen Sinne. Ebenso treibt die Dampfmaschine neu erfundene Werkzeugmaschinen an, die andere Gewerbezweige mit Arbeitsgeräten versorgen: die moderne Maschinenindustrie wird begründet.

Einen großen Nachteil bringt die Dampfmaschine und überhaupt die Industrialisierung mit sich: die soziale Stellung der Handwerker und Fabrikarbeiter wird sehr schlecht. Die Konkurrenz der Maschine nimmt den Webern und später auch anderen Handwerkern das Brot. Diese sind gezwungen, in die Fabrik zu gehen, um nicht zu verhungern. Sie müssen für den kärglichsten Lohn bis zu 16 Stunden am Tag arbeiten. Wenn einer murrt oder sich Zeit läßt bei der Arbeit, wirft man ihn kurzerhand hinaus, denn bei dem Arbeiterüberschuß durch die brotlosen Handwerker und die in die Stadt gezogenen Bauern warten schon drei andere auf seinen Posten. Auch Frauen und Kinder gehen in die Fabrik, um etwas zur Ernährung der Familie beizutragen.

Eine indirekte Folge der Erfindung der Dampfmaschine ist der Aufschwung des Handels. Durch die Rationalisierung der Arbeitsweise und die Verwendung von Maschinen können mehr Waren hergestellt werden. Während bisher die einzelnen Gewerbezweige im Lande verteilt waren, konzentriert sich die Industrie nun auf Schwerpunkte. Dadurch belebt sich natürlich der Handel, der die Güterverteilung übernimmt, sehr. Die bisher gebräuchlichen Verkehrsmittel reichen nicht mehr für die Verteilung der Waren aus. Deshalb sucht der Mensch nach neuen Verkehrsmitteln.

Der Verkehr erfährt durch die Dampfkraft einen großen Aufschwung. Bisher war der Seeverkehr mit Segelschiffen langsam und unsicher. Man war auf die Gunst des Windes angewiesen. Doch 1807 stellt der Amerikaner Fulton das erste brauchbare Dampfschiff in Dienst. Bereits zwölf Jahre später überquert der erste Dampfer den Atlantik.

Der Landverkehr war bisher noch sehr gering. Die wenigen Reisenden benützten Pferdekutschen, was bei den schlechten Straßen kein Vergnügen war, ritten auf Pferden oder gingen zu Fuß. Einige wenige Fuhrwerke beförderten Güter. Nun baute der Engländer Stephenson 1814 die erste Dampflokomotive. Es dauerte zwar noch Jahrzehnte, bis die Eisenbahn das verbreitetste Verkehrsmittel wurde, doch erfunden war sie.

Durch die Gründung von Fabriken wandelte sich die Wirtschaftsform von der selbstgenügsamen Bedarfswirtschaft in eine kapitalistische Erwerbswirtschaft. Bisher baute z. B. der Bauer nur soviel Getreide an, wie er und seine Familie zum Leben brauchten. Er fertigte Kleidung und Schuhe selbst an oder besserte selbst seine Werkzeuge aus. Den neuen Wirtschaftsstil kennzeichnen die Massenherstellung von Gebrauchsgegenständen und die Gleichförmigkeit der von der Maschine hergestellten Waren. Jeder Haushalt z. B. besitzt dieselben Töpfe und Schüsseln, jeder Kochlöffel hat die gleiche Form.

In England bereitet sich die kapitalistische Erwerbswirtschaft zuerst aus. Denn in dem durch seine Bodenschätze, Kolonien und seine Seefahrt reich gewordenen Land finden sich genug „Kapitalisten“, die den Bau von Fabriken für die neu erfundenen Maschinen finanzieren. Dadurch verstärkt sich die Vormachtstellung Großbritanniens auf dem Weltmarkt um ein Vielfaches. Allmählich bereitet sich nun auch auf dem durch die Französische Revolution stark geschwächten Festlandeuropa der neue Wirtschaftsstil aus. Nach Belgien, Frankreich und der Schweiz beginnt Deutschland, das britische Beispiel nachzuahmen. In den nächsten Jahrzehnten holt es England ein und überflügelt es sogar.

Die Dampfkraft gab den Anstoß zur Industriellen Revolution, ohne deren Auswirkungen unser heutiges Leben undenkbar wäre. Es kann durchaus sein, daß die Atomenergie eine neue wirtschaftliche Umwälzung bringt von denselben oder noch größeren Ausmaßen als die uns bekannte.

BEMERKUNG:

Gedanklich zeichnet sich diese Arbeit durch gute Sachkenntnis und die tiefgründigen Gedanken aus. Die gedanklichen Verbindungen zwischen den großen Abschnitten fehlen jedoch fast völlig.

AUFGABE:

1. Stelle am Beginn jedes neuen Abschnitts die Verbindung zum vorigen her!
2. Schreibe eine Erörterung zu dem Thema „Worin siehst du den Segen der Technik für die Menschen unserer Zeit?"

[29] Wie könnte die Verkehrserziehung für Schüler nach deiner Ansicht erfolgreich durchgeführt werden?

Gliederung

A) Der jetzige Verkehrsunterricht ist sinnlos.

B) Wie könnte die Verkehrserziehung für Schüler nach deiner Meinung erfolgreich durchgeführt werden?

I. Eine Stunde wöchentlich,
in der jeweils 1. und 3. Woche theoretischen Unterricht:
1. über Verkehrsregeln,
2. durch Zeigen von Filmen,
3. durch Diskussionen über Streitfragen.

II. In der jeweils 2. Woche praktischen Unterricht auf einem Übungsplatz:
1. als Fußgänger,
2. als Radfahrer.

III. In jeder 4. Woche Anschauungsunterricht im Verkehr durch Beobachten des Verhaltens:
1. der Kraft- und Radfahrer,
2. der Fußgänger.

C) So könnte man meiner Ansicht nach den Verkehrsunterricht erfolgreich gestalten.

Ausführung

Jedes Jahr kommen zu uns in die Schule ein oder zwei Verkehrspolizisten, um uns Verkehrsunterricht zu erteilen. Aber ich halte diesen Unterricht für sinnlos. Ja, wird man da fragen, wie soll denn nach meiner Meinung ein erfolgversprechender Verkehrsunterricht für Schüler aussehen?

Vor allen Dingen *müßte* ein regelmäßiger Unterricht, nämlich einmal in der Woche, abgehalten werden. In der 1. Woche *müßte man* theoretischen Unterricht halten. Und zwar kommen als Stoff für diese Stunde vor allem die Verkehrsregeln in Frage. Denn sie zu kennen, ist für das Verhalten im Straßenverkehr entscheidend wichtig. Ein Autofahrer zum Beispiel, der in Unkenntnis der Verkehrsregeln bei Rot über die Kreuzung fährt, könnte leicht einen Fußgänger überfahren, der im Vertrauen auf sein Signal „Gehen" über den Übergang rennt. Hätte der Autofahrer aber die Verkehrsregeln gekannt, wäre sicher nichts passiert. *Man müßte* also die Schüler genau in allen Verkehrsregeln unterweisen. Zur Auflockerung *müßte man* aber auch in diesen theoretischen Stunden Filme zeigen, damit man über die Gefahren im Verkehr aufgeklärt würde; *denn wenn* man die Gefahren, denen man ausgesetzt ist, deutlich vor Augen hat, prägt man sie sich gut ein. Ein Schüler jedoch, dem diese Gefahren nicht klargeworden sind, wird sich z. B. nichts dabei denken, *wenn* er bei Rot *über die Ampel* läuft. Diese Filme *sollten also als* Abschreckungsmittel zur Vorsicht mahnen. Außer Filmen *sollten* auch Diskussionen über Streitfragen und Unglücksfälle durchgeführt werden, *denn wenn* der Schüler sich am Unterricht beteiligen kann, ist er viel aufmerksamer als sonst. *Wenn* der Verkehrserzieher nur immer trockene Theorie erzählt, wird der Schüler nicht zuhören oder gar schlafen.

Neben der Theorie *sollte* jeweils in der zweiten Woche ein praktischer Unterricht auf Übungsplätzen durchgeführt werden, wie es sie jetzt schon für Autofahrer gibt. Der Schüler *sollte* hier als Fußgänger zeigen, wie er sich im Verkehr zu verhalten hat. Hat nämlich der Lernende die Möglichkeit, die beim theoretischen Unterricht erworbenen Kenntnisse *praktisch* unter Überwachung zu üben, *wird er* auch im Straßenverkehr nicht mehr aus Unwissenheit Fehler begehen. Wenn er die gelernten Regeln *praktisch* anwendet und angewendet sieht, *wird er* mit der Zeit sich von selber an sie halten. Lernt er *praktisch*, wie man sich als Fußgänger bei Unglücksfällen verhält, wie man richtig eine Straße ohne Ampel überquert, dann erst kann der theoretische Unterricht von Nutzen sein. Weiterhin *soll* der Schüler auch als Radfahrer *praktisch* unterwiesen werden. Er *soll* zum Beispiel lernen, auf einer Schlangenlinie auf dem Boden zu fahren. Kann er das, so wird er auch dem Straßenverkehr gewachsen sein.

Neben diesen Unterrichtsmöglichkeiten *sollte* man jeweils in der 4. Woche einen Anschauungsunterricht im richtigen Verkehr abhalten. Der Schüler *sollte* da Zeit haben, in Ruhe die Kraft- und Radfahrer zu beobachten. *Wenn* er *nämlich* sieht, wie die Radfahrer zwischen den Autos eingekeilt sind, wie schnell die Autos plötzlich um die Kurven sausen, dann wird ihm zum Bewußtsein kommen, welcher Gefahr er sich aussetzt, *wenn* er zwischen den haltenden Autos hindurch bis zur Ampel vorfährt. Ist er *nämlich* selber in diesem Verkehrsgewühl, so merkt er gar nicht, wie gefährdet er ist. Sodann *sollte* er auch die Fußgänger beobachten, sehen, wie sie nur knapp den rasenden Autos entwischen, *wenn* sie bei „Warten“ *über die Ampel* laufen. *Wenn* der Schüler *nämlich* sonst *in der Stadt ist*, achtet er gar nicht auf solche Dinge oder nimmt sich nicht die Zeit dazu. *Wenn* er aber eigens daraufhin den Verkehr beobachtet, muß ihm klarwerden, wie viele Gefahren in diesem versteckt lauern.

Ich bin also der Ansicht, daß die Unvorsichtigkeiten, die täglich im Straßenverkehr massenweise von Schülern begangen werden, sich größtenteils abgewöhnen ließen, würde man den Schüler nur regelmäßig in einer Weise, die ihn interessiert, über den Verkehr und seine Gefahren unterrichten. Allerdings müßte dazu der Staat tief in die Geldtasche greifen. Aber würde es sich nicht lohnen?

Bemerkung:

Die angeführten Beispiele sind nicht immer gut gewählt, die Behauptungen jedoch überzeugend begründet.

Frage:

Was ließe sich an diesem Aufsatz verbessern?

AUFGABEN:

1. Ersetze die gekennzeichneten Ausdrücke durch andere!
2. Schreibe eine Erörterung zu dem Thema „Was könnten die verschiedenen Verkehrsteilnehmer zur Verkehrssicherheit beitragen?"

[30] Das Für und Wider der Ferienarbeit

Gliederung

A) Ferienarbeit ist gefragt.

B) Das Für und Wider der Ferienarbeit.

I. Die Nachteile der Schülerarbeit:
1. wenig Zeit für Erholung,
2. Gefahr für die Gesundheit,
3. seelischer Schaden.

II. Die Vorteile der Schülerarbeit:
1. Geld für eigene Wünsche,
2. Verwertung und Vertiefung der Kenntnisse,
3. Wertschätzung jeder ehrlichen Arbeit.

C) Beachtung der gesetzlichen Bestimmungen ist zu raten.

Ausführung

Jedes Jahr beginnt kurze Zeit vor den großen Ferien die Suche vieler Schüler nach einem Ferienjob. Die meisten meiner Klassenkameradinnen lassen sich durch das Arbeitsamt ihre Stelle vermitteln. Heuer bemühte auch ich mich, eine Arbeit zu finden. Vorher überlegte ich natürlich, was für eine Ferienbeschäftigung und was dagegen spricht.

Die Ferienarbeit bringt Nachteile mit sich, die nicht von der Hand zu weisen sind. Der Entschluß, in den Ferien zu arbeiten, fordert große Opfer. Freizeit und Erholung werden wesentlich beschnitten. Das stellte ich mir anfänglich viel leichter vor, als es dann wirklich war. Während ich mühsam in der Fabrik meine Stunden abarbeitete, tummelten sich meine Kameradinnen bei strahlend blauem Himmel im Familienbad. Noch schlimmer war es, als ich die herrlichen Urlaubskarten meiner Freundinnen erhielt. Sie aalten sich in Sand und Sonne, und ich konnte vom Ferienglück nur träumen, und auch das nur in den Pausen.

Oft wird zu wenig beachtet, daß körperliche Arbeit schwer ist, besonders für Schülerinnen, die sie nicht gewöhnt sind. Die Umstellung von geistiger auf körperliche Tätigkeit ist schwierig, und manche ist ihr nicht gewachsen. Meine Freundin z. B. ließ sich vom hohen Stundenlohn einer Spinnerei verleiten, doch wegen des Lärms und Staubs hielt sie die Arbeit nicht länger als einen Tag aus. Anschließend mußte sie eine Woche im Bett bleiben. Niemals sollte man also wegen des Geldes seine Gesundheit aufs Spiel setzen.

Die Gefahr eines seelischen Schadens tritt besonders leicht in einem großen Betrieb auf. Da die Ferienarbeiterin nur wenige Wochen dort tätig ist, gibt sich meist niemand die Mühe, mit ihr etwas Kontakt aufzunehmen. Daher wird sie sich leicht einsam fühlen. Auch die oft unsichtbaren Schranken des Mißtrauens wegen zu großen Altersunterschieds oder völlig verschiedener Interessen stehen trennend zwischen den Beschäftigten und der Aushilfskraft.

Doch trotz dieser Gefahren und Nachteile überwiegen nach meiner Ansicht die Vorteile einer Ferienbeschäftigung. Wie unangenehm ist es doch für uns Schülerinnen, in allem vom Geld unserer Eltern abhängig zu sein. Wenn ich meine gleichaltrigen Kameradinnen betrachte, die schon im Berufsleben stehen, kann ich den aufkeimenden Neid nicht ganz unterdrücken. Ich bekomme zwar reichlich Taschengeld, aber die heimlichen Wünsche kann ich mir damit nicht erfüllen. Auch meine Eltern haben nicht die Mittel dafür, denn sie müssen ja meine Ausbildung finanzieren. Die berufstätigen Mädchen leisten dagegen schon einen Beitrag für Unterkunft und Verpflegung.

Da sind die Ferien eine willkommene Gelegenheit, selbst Geld zu verdienen. Das schöne Gefühl, das ich hatte, als ich meine erste prall gefüllte Lohntüte in Empfang nahm, werde ich nie vergessen. Jetzt konnte ich mir all das kaufen, was ich mir schon längst gewünscht hatte. Doch dabei merkte ich, wie schnell das Geld ausgegeben war, das ich so schwer verdient hatte. Seitdem hat sich meine Einstellung zum Geld grundsätzlich gewandelt. Wenn ich nun etwas kaufe, überlege ich mir immer heimlich, wie lange ich wohl dafür arbeiten müßte.

In der Schule lernen wir zwar Stenographie, Maschinenschreiben, doch richtig verwerten können wir diese Kenntnisse eigentlich nicht. Hier bietet die Ferienarbeit eine gute Gelegenheit, diese Fertigkeiten nutzbringend zu verwerten und sie zu verbessern. Da wir in der Schule ferner vom Berufsalltag wenig wissen, bietet die Tätigkeit in einem Büro darüber hinaus noch die Möglichkeit, einmal einen Blick in Wirtschaft und Verwaltung zu tun. Das ist ebenfalls nötig für unsere spätere Tätigkeit.

Als Oberschülerin, die sich auf einen geistigen Beruf vorbereitet, ist man geneigt, eine eintönige und – wie es scheint – anspruchslose Tätigkeit in einer Fabrik geringzuschätzen. Doch hat man selbst einmal in einer Fabrik gearbeitet, so merkt man bald, daß diese Tätigkeit wie jede andere den ganzen Menschen und dessen vollen Einsatz erfordert.

Ferienarbeit ist also wirklich zu bejahen, doch man darf darüber die Erholung nicht vergessen. Deshalb gibt es ja auch die gesetzlichen Bestimmungen, die man lesen und befolgen sollte. Sie verbieten uns Jugendlichen Dinge, die uns gefährden oder schaden könnten. Vor allem sollte man sich in seinen Entscheidungen nicht nur vom Geldverdienen leiten lassen.

BEMERKUNG:

Dieser Aufsatz führt Gesichtspunkte für und gegen die Ferienarbeit der Schüler an, die der persönlichen Erfahrung der Verfasserin entsprechen und wesentliche Punkte aufzeigen. Die sprachliche Darstellung ist klar und sachlich. Das Thema ist als einfacher Besinnungsaufsatz (persönliche Entscheidung nötig!) gestellt.

AUFGABEN:

1. Schreibe deine Meinung zu diesem Thema nieder und begründe sie! Gliederung!
2. Bearbeite das Thema „Weshalb arbeitest du in den Ferien?“ oder „Weshalb arbeitest du nicht in den Ferien?“
3. Erörtere das Thema „Das Für und Wider der Fünftage-Woche in der Schule“ und ergänze die Erörterung durch eine eigene Stellungnahme zu dem Besinnungsaufsatz „Soll meiner Meinung nach die Fünftage-Woche in der Schule eingeführt werden?“

[31] Was hältst du von Partys?

Diese Woche erhielt ich eine Einladung zu der Party eines Jugendklubs. Ich war natürlich sofort begeistert, meine Eltern dagegen nicht, denn ich hatte erst die Woche zuvor eine Tanzveranstaltung unserer Jugendgruppe besucht. Außerdem hatte meine Mutter mehrere Berichte über Partys in Schweden gelesen, die sie in ihrer ablehnenden Haltung gegenüber Partys noch bestärkten. So kam es zwischen uns zu einer Diskussion über das Für und Wider einer Party.

Selbstverständlich sprechen mehrere Gründe dagegen, daß man an Partys teilnimmt. Viele der jugendlichen Party-Gäste haben eine falsche Einstellung zu einer solchen Veranstaltung; sie glauben, daß sie sich einmal ungestört ausleben könnten, daß ihnen kein Wunsch unerfüllt bliebe. Meist sind es auch diese Gäste, die verlangen, daß der Plattenspieler auf volle Lautstärke aufgedreht wird, so daß die Wohnung unter dem stampfenden Beat-Rhythmus erzittert und die übrigen Hausinwohner diese Musik mit anhören müssen. Andere wiederum bringen Freund bzw. Freundin mit und möchten den ganzen Abend möglichst ungestört bleiben in ihrem Partygenuß zu zweit. Das ist jedoch nicht der Sinn einer Party.

Eine Gefahr für das Gelingen einer Party und für die teilnehmenden Jugendlichen ist auch der Alkohol. Oft schmeckt zwar der angebotene hochprozentige Whisky überhaupt nicht, aber da man nicht als Schwächling angesehen werden will, trinkt man eben; dabei geht leider oft das rechte Maß verloren, und die Party artet aus, die Schranken des Anstands fallen. Es ist auch unverantwortlich von den Gastgebern, Alkohol auszuschenken und die Gäste dann als Verkehrsteilnehmer heimfahren zu lassen.

Doch die Gründe, die für eine Party sprechen, überwiegen nach meiner Meinung. Die jungen Menschen hassen jeden Zwang. Da ist eine Party das richtige Vergnügen. Hier kann jeder kommen und gehen, wann er will, und es gibt keine Kleidervorschriften. Weder Sonntagsanzug mit Krawatte noch Abend- oder Ballkleid müssen aus dem Schrank geholt werden; Rock und Pulli bzw. Hose und Pulli sind genauso passend. Nett wird eine Party durch die Gespräche, die in kleinen Gruppen offen und ungezwungen geführt werden. Hier wird nicht bloß „Partystroh" gedroschen, nein, hier spricht man auch über

Schul- und Freizeitprobleme. Aber jeder kann auch fröhlich und ausgelassen sein, das bringt erst Schwung in die Party.

Natürlich wird auf allen Partys getanzt. Viele, die den Tanzkurs schon besucht haben, möchten gern eine Tanzveranstaltung besuchen, doch das ist oft recht kostspielig. Eine Party bietet hier Gelegenheit, sich einmal richtig auszutanzen. Auch wer noch nicht tanzen kann, macht einfach mit, denn zum Beat rhythmische Bewegungen auszuführen, das kann wirklich jeder.

Das schönste an einer Party ist aber, daß jeder zu ihrem Gelingen beiträgt. Mit dem Ausschmücken des Raumes fängt das schon an. Auf der Party selbst werden oft Talente entdeckt. Einer trägt z. B. ein Lied vor, der andere ist ein guter Schauspieler oder weiß nette Spiele, und wenn jeder dabei fröhlich mitmacht, muß die Party ja gelingen.

Junge Leute sollten also ruhig auf eine nette Party gehen, denn hier haben sie Gelegenheit, sich gegenseitig kennenzulernen und zu verstehen. Viele überwinden hier Hemmungen und gewinnen durch die Gemeinschaft, mit der sie sich verbunden fühlen, Sicherheit, die sie in der Welt der Erwachsenen brauchen.

Bemerkung:

Dieser Aufsatz führt Punkte für und gegen Partys an, die jeder junge Party-Besucher aus eigener Erfahrung und Überzeugung äußern kann. Die einzelnen Gedanken hätte man etwas ausführlicher und überzeugender gestalten können. Der Schluß bringt Gedanken, die in den Hauptteil gehören.

Frage:

An welchen Stellen ist dieser Aufsatz nicht ausführlich bzw. überzeugend genug geschrieben?

Aufgaben:

1. Schreibe die Gliederung dieses Aufsatzes auf!
2. Schreibe diesen Aufsatz neu und führe die einzelnen Gesichtspunkte dabei genauer aus!
3. Schreibe Gliederung und Aufsatz zu dem Thema: „Worin siehst du die Gründe für das oft rüpelhafte Verhalten junger Menschen?“

Gliederung

A) Gegenüberstellung verschiedener Meinungen über das Tagebuch. Fazit: Frage nicht müßig.

B) Soll man ein Tagebuch führen?
   I. Schwierigkeit des Problems;
      Einteilung der Formen eines Tagebucheintrags in Arten;
   II. die Art: Kritikloses Aneinanderreihen von Begebenheiten.
      Vorzüge: historisches Verhältnis zu sich selbst, Lebensweisheit;
      Nachteile: die reinen Tatsachen sind oft unwichtig;
      Überflüssigkeit des Tagebuchs;
   III. die Art: Aussprache.
      Vorteil: Verinnerlichung; Nachteil: Parteilichkeit und Gedächtnis in falscher Weise beeinflußt;
   IV. die Art: Synthese aus den beiden ersten; Rechenschaftsbericht: Selbstprüfung, Mittel zum bewußten Leben.

C) Tagebuch zur Persönlichkeitsbildung eine große Hilfe; Themafrage deshalb mit „Ja" zu beantworten.

Ausführung

Hartnäckig hält sich die Auffassung, daß Tagebücher nur etwas für schwärmerische Backfische und romantische Gymnasiasten seien, nichts aber für sogenannte „realistische" Menschen, die von sich glauben, „mit beiden Beinen auf dem Boden der Tatsachen zu stehen". Dieser Meinung steht die Tatsache gegenüber, daß sehr viele bedeutende Männer ihr Leben lang eifrig ein Tagebuch führten, Männer, denen man Lebenstüchtigkeit gewiß nicht absprechen kann. Die Tagebücher von Goethe, Hebbel und Morgenstern etwa sind bekannte Größen in der Literatur. Die Frage „Lohnt es sich, ein Tagebuch zu führen?" scheint nach alldem nicht müßig zu sein.

Wie jedes Problem, das mit dem Innersten des Menschen zusammenhängt, ist das Problem des Tagebuchs ein schier unübersehbarer Komplex. Es ist ein Ding der Unmöglichkeit, das Phänomen Tagebuch (die

Erscheinung nämlich, daß ein gewöhnlich Sterblicher sein eigenes Dasein und jeden Tag darin für so wichtig hält, daß er sie auf dem Papier festhalten will), bis ins Letzte zu fassen, zumal beim Tagebuch die Auswirkungen auf den Schreiber wesentlich von der Art des Eintrags abhängen. Ich will auf diesem Wege zwischen drei Formen eines Tagebucheintrags unterscheiden, um diese Auswirkungen zu finden.

Die erste dieser Formen ist die eines kritiklosen Nachzeichnens des Tagesablaufs, eines bloßen, in der jeweiligen Augenblicksstimmung geschriebenen Aneinanderreihens von Begebenheiten. Sicher hat auch das seine Vorzüge: dieses chronistenartige Aufzeichnen ermöglicht immer wieder eine Begegnung mit der eigenen Vergangenheit. Hütet uns doch ein solches sozusagen historisches Verhältnis zu uns selbst davor, zu Menschen des bloßen Augenblicks zu werden; und ist es doch immer wieder faszinierend, zu sehen, wie der Mensch, ungeachtet aller Entwicklungen und Ereignisse, in seinem Kern immer der gleiche bleibt. Und so stehen wir auch immer wieder erstaunt vor der Tatsache, daß uns Ereignisse, die ehedem aussahen, als würde wegen ihrer die Welt einstürzen, heute lächerlich klein vorkommen. In dieser Einsicht liegt ein gutes Stück Lebensweisheit, und doch: Bei dieser Art des „reinen Tatsachentagebuchs" ist der Vorwurf gerechtfertigt, den man oft hören kann und der etwa in folgende Worte gekleidet ist: „Ja, wenn ich eine Reise nach Afrika unternähme, dann würde ich ein Tagebuch führen, bei meinem gleichförmigen Tagesablauf, bei den im Grunde immer gleichen Vorgängen aber wäre ein Tagebuch geradezu lächerlich; ich müßte ja fast jeden Tag dasselbe eintragen."

Wenn nur offen daliegende, vordergründige Tatsachen Zugang zu einem Tagebuch finden sollten, dann könnte ich nicht umhin, ein Tagebuch (ausgenommen eben die See-, Kriegs- und Reisetagebücher) als überflüssig zu bezeichnen. Diese erste Form scheint also keineswegs die Idealform zu sein.

Die zweite Form eines Tagebucheintrags ist die einer Aussprache. Der Tagebuchschreiber betrachtet das Tagebuch als sein Gegenüber – oft wird es in Briefform gehalten oder gar mit „Du" angesprochen –, als einen stillen und mit Sicherheit verschwiegenen Zuhörer, dem man ohne Scham oder Rückhalt alles mitteilen kann. Wie wichtig eine solche Aussprache, ein solches „Sich-etwas-von-der-Seele-Reden" für uns ist, hat die moderne psychologische Forschung bestätigt.

Außerdem ist gerade in unserer Zeit, da die „geheimen Verführer" nicht nur in der Wirtschaft tätig sind, da die verschiedensten Kräfte versuchen, in das Innerste des einzelnen vorzudringen, ein solches Fleckchen, auf das man sich zurückziehen kann, unerläßlich, um der Veräußerlichung zu entgehen. Das hat nichts mit Lebensflucht oder Sentimentalität zu tun; das ist nichts anderes als eine Bastion gegen Angriffe auf die innere Freiheit, die notwendig ist, um der Manipulierbarkeit zu entgehen. Der Nachteil dieser Art des Tagebucheintrags liegt aber genau da, wo bei der vorigen Art der Vorteil lag: nämlich im Zurückblättern. Die Geschehnisse werden bei dieser Form mit aller Leidenschaft und Parteilichkeit aufgezeichnet, sie können deshalb das Gedächtnis in falscher Weise beeinflussen.

Die dritte und wohl höchste und eigentliche Form ist die eines Rechenschaftsberichtes. Der Schreiber steht sich sozusagen selbst gegenüber, er versucht, kritisch die Ereignisse zu untersuchen und sein Verhalten zu prüfen. Diese Form vereinigt alle Vorzüge der anderen Formen in sich. Sie ist immer noch Aussprache, aber die Vorbehaltlosigkeit und Leidenschaftlichkeit des rein Subjektiven ist gebremst; sie ist gleichwohl ein Geschichtsbuch meiner selbst und ist doch darüber hinaus dauernde Selbstprüfung und Mittel zur Führung eines bewußten Lebens. Nach einem Ausspruch Goethes ist das Geheimnis der Dichtkunst ein bewußtes Leben. Denn nicht die vordergründigen Tatsachen sind entscheidend, sondern das, was hinter ihnen steckt, die Eindrücke, die ich von ihnen erhalte und die Wirkungen, die sie auf mich ausüben. Da kann auch keiner mehr über Eintönigkeit seines Tagesablaufs klagen, denn für den bewußt Lebenden ist jeder Tag von Neuem und Schönem erfüllt. Das Tagebuch aber bringt mich durch den Zwang zur schriftlichen Darstellung dazu, mir alles das ins Bewußtsein zu heben.

Ein bewußt Lebender, in seinem Verhalten disziplinierter, gegen unterschwellige Beeinflussung geschützter, in seinem Urteil deshalb klarer, verinnerlichter, seiner Gabe bewußter und ihnen gemäß handelnder Mensch, das ist doch wohl, was wir unter einer Persönlichkeit verstehen.

Wie wir gesehen haben, kann ein richtig geführtes Tagebuch zu dem allem maßgeblich beitragen; es ist deshalb ein wesentliches Mittel zur Bildung einer Persönlichkeit.

Bemerkung:

Dieses Thema ist als Besinnungsaufsatz gestellt, denn es verlangt eine persönliche Entscheidung und Stellungnahme; die Antwort ist nicht wie bei der Erörterung schon festgelegt. Dieser Aufsatz unterscheidet sich von den meisten der bisherigen Arbeiten durch die größere gedankliche Tiefe und Reife bzw. durch die Sicherheit des Urteils, der Wertung. Das Thema wurde als letzte Deutscharbeit einer 10. Klasse gestellt; die Bearbeitung stellt eine für die Oberstufe durchaus tragbare Leistung dar. Die Gliederung ist allerdings zu wenig durchdacht und auch in der Form unzulänglich.

Aufgabe:

Schreibe zu diesem Thema eine bessere Gliederung!

[33] Ein Freund weiß nicht, was er am Ende des Schuljahres machen soll, bittet Sie um Rat und fragt Sie, ob Sie bei freier Entscheidung nach der 10. Klasse die Schule verlassen würden

München, den 14. 3. 19 . . .

Lieber Hubert,

zunächst möchte ich Dir für Deinen letzten Brief danken und mich entschuldigen, daß ich so lange nichts von mir hören ließ. Wie Du mir geschrieben hast, lassen Dir Deine Eltern die Wahl, ob Du weiter an der Schule bleibst oder austrittst. Auf Deine Frage, was ich Dir raten würde, will ich Dir zuerst einmal die Vor- und Nachteile eines Austritts darlegen.

Du hast, wenn Du in das Berufsleben gehst, eine geregelte Arbeitszeit und kannst Dir den Rest des Tages so einteilen, wie Du willst. Das ist in der Schule, wo der Stoff von Jahr zu Jahr zunimmt, nicht möglich. Außerdem steht Dir am Wochenende mehr Freizeit zur Verfügung, denn in fast allen Berufen ist der freie Samstag eingeführt. Auch hat man dann schon ein festes Ziel vor Augen, wogegen man, wenn man an der Schule bleibt, sich jeden Tag von neuem den Kopf zerbricht, was der geeignete Beruf für einen ist. Eines darf ich auch nicht vergessen, und das ist das Geld. Wenn Du jetzt arbeiten gehst, so bist Du, während Deine Kameraden noch zur Schule gehen, schon mit der Lehre fertig und verdienst eine Menge Geld. An der Schule jedoch mußt Du mit Deinem Taschengeld auskommen.

Mit dem Verlassen der Schule gehen Dir aber die Ferien verloren. Diese dauern im Jahr doch immerhin drei Monate und sind gegenüber vier Wochen Urlaub eine ganze Menge. Im Beruf muß man seine Arbeitszeit absitzen, ob man etwas zu tun hat oder nicht. In der Schule steht es Dir frei, ob Du das schöne Wetter ausnützt oder Hausaufgaben vorausarbeitest. Die Mittlere Reife, die man mit Abschluß der 10. Klasse erreicht, gilt zwar als Abschluß, ist aber in Wirklichkeit keine zu Ende geführte Schulausbildung. Der Lehrstoff, der auf neun Jahre verteilt ist, wird nach sechs Jahren ohne wirkliches Ende abgebrochen. Durch diese Tatsache sind Dir dann manche Berufe versperrt. Da Dir die Naturwissenschaften nicht besonders liegen und Du viel Interesse am Bankfach hast, käme für Dich vielleicht der Beruf eines Bankangestellten in Frage. Mit der Mittleren Reife kann man im Bankfach die mittlere Banklaufbahn beginnen, aber der höhere Bankdienst ist kaum zu erreichen. Wie Du siehst, habe ich mich auch schon mit diesem Problem herumgeschlagen, da ich in der gleichen Lage wie Du bin. Ich bin zu dem Entschluß gekommen, daß es besser ist, die Schule weiterhin zu besuchen. Deine Noten sind ja, wie ich weiß, auch kein Hindernis, und deshalb würde ich Dir raten, dasselbe wie ich zu tun. Dann bleiben uns noch drei weitere Jahre Zeit, um uns zu überlegen, welcher der geeignete Beruf ist.

Ich hoffe, daß ich Dir mit diesem Rat habe helfen können und Du einen endgültigen Entschluß fassen kannst.

Übrigens möchte ich Dir noch einen Vorschlag machen. Ende dieser Woche beginnen ja die Osterferien, und Du kommst wieder aus dem Internat nach München. Da habe ich mir gedacht, daß wir wie letztes Jahr zusammen eine mehrtägige Radtour machen könnten. Natürlich nur, wenn das Wetter uns keinen Streich spielt.

Nun habe ich hoffentlich Deine Frage befriedigend beantwortet und Dir meinen Vorschlag unterbreitet, womit die wichtigen Neuigkeiten erledigt sind. Bitte rufe mich nächste Woche, wenn Du zu Hause bist, an, damit wir uns über meinen Vorschlag unterhalten können.

Bis dahin herzliche Grüße und alles Gute Dein Freund
Peter

Bemerkung:

Dieser Besinnungsaufsatz ist in die Form eines Briefes gekleidet, in dem ein Schüler seinem Freund die Ansichten darlegt, ob ein Schüler des Gymnasiums das Abitur ablegen soll oder nicht. Dieses Beispiel zeigt, daß Briefe keine eigene Aufsatzart darstellen, alle Aufsatzarten können in Briefform geschrieben werden. Dieser Besinnungsaufsatz wirkt sehr persönlich, denn er ist ja letztlich ein Gespräch, bei dem allerdings nur einer seine Ratschläge und Meinungen vorträgt. Eine Reihe von Gesichtspunkten, die bei einer objektiven Stellungnahme in einem Besinnungsaufsatz nicht übergangen werden dürften, fehlen hier, da der Schreiber des Briefes nur seine Meinung gegenüber seinem Freund vertritt und alles wegläßt, was die beiden nicht betrifft.

Aufgaben:

1. Schreibe zu diesem Aufsatz eine passende Gliederung!
2. Schreibe einen Aufsatz zu dem Thema „Lohnt es sich heute noch, einen Beruf zu ergreifen, der ein jahrelanges Studium erfordert?“

[34] In welcher Weise wird in der Novelle „Die Judenbuche“ das Problem der menschlichen Schuld gestaltet?

Am Anfang der Novelle, noch bevor wir uns in die Ereignisse vertiefen, lesen wir ein paar Verse. Sie sind eine Einleitung und zugleich der Schlußgedanke; man kann den Gedanken, den sie verbergen, eigentlich erst, nachdem man das Ganze gelesen hat, wirklich erkennen. Dieses Problem ist in der ganzen Erzählung spürbar, die keine einfache Schilderung eines Menschenlebens ist, sondern eben die Frage nach der Schuld und ihrer Beurteilung aufwirft.

Friedrich Mergel wurde in eine Gemeinschaft hineingeboren, die nicht geeignet war, das unbeschriebene Blatt seiner Seele weiß zu lassen, mit ihren Begriffen von Recht und Unrecht, die „einigermaßen in Verwirrung geraten“ waren, und mit ihrer kompromißlosen Moral, die keine andere duldete. Aus der Novelle ist leicht erkennbar, wie groß der Einfluß dieser Umwelt auf die seelische Entwicklung Friedrichs vom kleinen, schüchternen Jungen bis zum Mörder war: der

Einfluß der inneren Verhältnisse zu Hause, der Person des Vaters und des Onkels, der geheimnisvollen Ereignisse in der Dorfgemeinschaft. Wir müssen allerdings zugeben, daß Friedrich manchmal die Möglichkeit einer freien Entscheidung hatte und er den schlechten Weg wählte. Trotzdem haben wir den Eindruck, daß der Umwelteinfluß sehr schwerwiegend ist.

Der Frage nach der persönlichen Verantwortung begegnen wir zum ersten Male beim Tod des Försters Brandes; diese Frage bleibt hier offen: Friedrich wird nicht bestraft. Bei seinem zweiten, direkten Mord flieht er und wird gefaßt. Aber die verletzte Ordnung der Dinge verlangt eine Wiedergutmachung – eine Wiederherstellung. Und sie wird befriedigt, indem der von den Menschen nicht gerichtete Mörder sich selbst bestraft.

Hier taucht zum zweiten Male die Frage nach der moralischen Schuld auf, und hier können wir, wenn wir das Ganze betrachten, eine Antwort auf sie geben: Friedrich Mergel war ein Mensch wie jeder andere; er hatte nur den schlechten Weg gewählt, d. h., er wurde auf diesen geleitet, und konnte aus Willensschwäche nicht mehr zurück. Sein Charakter und sein Tun waren menschlich, weil sie von den Menschen geformt und geprägt wurden. Deshalb dürfen wir, die anderen Menschen, die wir nicht besser sind und uns über unsere eigene menschliche Natur, unseren menschlichen Charakter, nicht erheben können und immer Menschen bleiben, ihn nicht richten und verurteilen. Friedrich Mergel wird von höherer Macht bestraft, wo die irdischen Gerichte versagen, und die Buche, die „Judenbuche", wird zum Symbol und zum Vollstrecker des Urteils: „Wenn du dich diesem Orte nahest, so wird es dir ergehen, wie du mir getan hast", heißt die Inschrift, die bis zum letzten Satz unerklärt bleibt und die auch Friedrich nicht verstanden haben kann, die ihn aber trotzdem mit magischer Kraft anzieht und lenkt, ohne sein Wissen und seinen Willen, eben als das Symbol des Urteilsspruchs über ihn, dem er sich unterwerfen muß.

Jetzt, am Schluß, können wir auch die Anfangsverse verstehen und deuten. Sie erinnern uns an die Worte Jesu Christi, als er auf eine Sünderin weist:

„Wer von euch sich frei von jeder Schuld fühlt,
der werfe als erster den Stein nach ihr".

BEMERKUNG:

Zu diesem Aufsatz wurde keine Gliederung geliefert. Zu bearbeiten war eine Kernfrage aus der Klassenlektüre. Der Schüler hat das aufgeworfene Problem der Schuld erfaßt und die Frage richtig beantwortet, den Menschen und den Verbrecher richtig beurteilt.

FRAGE:

Welchen Fehler findest du in der Einleitung?

[35] Wird Götz mit Recht als Rechtsbrecher und Rebell verurteilt?

Gliederung

A) Götz v. B., der mit all seiner Kraft für die Erhaltung des Rittertums kämpft, kommt öfters mit dem Gesetz in Konflikt und wird deshalb am Schluß des Dramas verurteilt.

B) Wird Götz mit Recht als Rechtsbrecher und Rebell verurteilt?

I. Nach dem römischen Recht wird er mit Recht verurteilt:

1. denn er dürfte keine Kaufleute fangen, sondern sollte sich sein Geld auf anständige Weise verdienen (Anfang 3. Akt);
2. denn er hätte sich nicht gegen die Staatsgewalt auflehnen dürfen, als er für seine Straftat bestraft werden sollte (Mitte 3. Akt – Anfang 4. Akt);
3. hätte Weislingen nicht als Rache für das Niederwerfen seines Buben fangen dürfen (Mitte bis Ende des 1. Aktes);
4. hätte seinen Schwur und sein Ritterwort nicht brechen dürfen (Anfang 5. Akt).

II. Nach dem germanischen Fehderecht ist seine Verurteilung nicht gerechtfertigt:

1. da er von den Kaufleuten nur wieder nimmt, was sie vorher von den Armen geholt haben;
2. da die Gefangennahme für nicht begangenes Unrecht nicht zulässig ist;
3. da er sich an Weislingen für das Niederwerfen seines Buben rächen wollte;
4. er mit Waffen gezwungen wurde, sein Versprechen zu brechen, und er gute Absichten hatte.

C) Götz hat sich nach dem römischen Recht, nicht aber nach seinem Rechtsempfinden strafbar gemacht.

Ausführung

Im Drama „Götz von Berlichingen" wird uns von einem Ritter berichtet, der aus seiner ganzen Überzeugung und mit all seiner Kraft für die Erhaltung des Rittertums kämpft, das im Aussterben begriffen ist. Dabei gerät der Held Götz öfters mit dem neu eingeführten römischen Recht, das Staatsrecht ist, in Konflikt und wird schließlich als Rechtsbrecher und Rebell verurteilt. Wird aber Götz mit Recht als Rechtsbrecher und Rebell verurteilt?

Nach dem römischen Recht, dessen Vertreter die Fürsten und Geistlichen sind, hat er sich sehr wohl strafbar gemacht. Als die Söldner die Ritter im Krieg immer mehr ablösten, verloren diese ihre Erwerbstätigkeit. Nach dem römischen Recht war es nun sehr wohl ein Unrecht, daß die Ritter unschuldige Kaufleute fingen (Freiheitsraub) und sie mit Gewalt erpreßten, um sich dadurch ihren Lebensunterhalt zu verdienen. Es hätten sich doch die Ritter ihr Geld auch auf anständige Weise verdienen können. So ist Götz durch die Freiheitsberaubung und das Erpressen reicher Kaufleute zum Rechtsbrecher geworden. Gegen seine Bestrafung hat er sich mit aller Macht gewandt. Es war nach dem römischen Recht nicht vertretbar, daß sich ein zu Recht Verurteilter wider die Staatsgewalt auflehnt und die, die ihn zu Recht gefangen nehmen sollten, bekämpft. Wäre er wirklich unschuldig gewesen, so hätte sich Götz v. B. ja im Gerichtssaal verteidigen und seine Unschuld beweisen können. So hat sich Götz also auch als Rebell wider die Staatsgewalt und somit als Rebell gegen den Kaiser nach dem römischen Recht strafbar gemacht. Seine Verurteilung ist also nach dem Rechtsstandpunkt der Fürsten angebracht.

Dazu kommt, daß der Verfechter des Rittertums ohne jeden Grund Weislingen, einen Helfer der Fürsten, gefangennahm. Das römische Recht wies den Grund, daß das eine Rache für das „Niederwerfen" des Buben des Götz sei, wohl mit dem Grund zurück, daß er ja dagegen eine gerichtliche Untersuchung beantragen haben könnte, indem er die Nürnberger anzeigte. So ist nach dem römischen Recht Götz auch durch die Gefangennahme des Weislingen zu verurteilen. Die größte Straftat des Götz war aber nach dem Standpunkt des römischen Rechts der Bruch seines Ritterworts und Schwures, den er abgelegt hatte. Götz hatte im Rathaus zu Heilbronn geschworen, daß er, als Strafe für das Einfangen unschuldiger Kaufleute, für immer in ritterlicher Haft leben wolle, also ohne Straftaten zu begehen, auf seiner Burg wohnen wolle. Bei einem Ausritt hatte sich Götz verpflichtet, den Hauptmann der aufständischen Bauern zu machen, die gegen Kaiser und Reich rebellierten. Damit hat er aber nach dem römischen Recht seinen Schwur gebrochen. So ist er nach dem römischen Recht für dieses Verbrechen ebenfalls als Rechtsbrecher und Rebell zu verurteilen.

Den Auffassungen des römischen Rechts steht der Rechtsstandpunkt des Götz, der ein Vertreter des Naturrechts und des germanischen Fehderechts ist, gegenüber. Seinem Empfinden nach war seine Verurteilung Unrecht.

Was die Gefangennahme und Erpressung der Kaufleute betrifft, so meinte Götz dazu wohl, daß er von den Reichen nur das wieder geholt und den Armen gegeben habe, was sich die Kaufleute durch Wucher ihrer Waren vorher von den Armen genommen haben. So war in seinen Augen seine Bestrafung wegen Erpressung ein Unrecht.

Es schien ihm folglich gerechtfertigt, sich gegen seine ungerechte Verhaftung zu wehren und die Reichstruppen, die gegen seine Burg zogen, zu bekämpfen. Die Empörung des Ritters wurde noch durch den Verrat bekräftigt, den die Reiter des Kaisers an ihm ausübten: Er wurde trotz des Versprechens von freiem Abzug hinterhältig überfallen und vor das Gericht in Heilbronn geschleppt. Als ihn dort seiner Auffassung nach die Ratsherren ungerecht behandelten, versuchte er, sein Recht mit Unrecht zu erzwingen: er ließ seinen Freund Franz von Sickingen mit einer Schar Kämpfer gegen die Stadt ziehen, um sein Recht, seine Freiheit mit Gewalt zu erzwingen. So hat sich Götz nach seinem natürlichen Rechtsempfinden nicht als Rebell und Rechtsbrecher schuldig gemacht und findet somit seine Verurteilung nicht gerecht.

Götz weiß, daß es lange dauern würde, bis eine Anzeige vom Gericht behandelt würde. So greift er auf das germanische Fehderecht zurück und rächt sich als der Stärkere für das Niederwerfen seines Buben. Da er sich aber nicht an allen Nürnbergern rächen kann, nimmt er einen der Freunde des Fürsten, Weislingen, und rächt sich an diesem, indem er ihn gefangennimmt. Das ist nach dem germanischen Fehderecht – und somit für Götz – kein Verbrechen, ebensowenig ist seine Verurteilung als Brecher des Schwurs gegenüber Kaiser und Reich gerecht.

Er sagte sich, daß er gar keine andere Wahl hatte, als das Ritterwort zu brechen, da er mit Gewalt dazu gezwungen wurde. Außerdem sah er seine Handlung durch den Zweck, wieder Ruhe und Ordnung im Reich herzustellen und die wütenden Bauern zu besänftigen, geheiligt. So fand also Götz auch bei dieser seiner „Straftat", daß er nicht mit Recht als Rebell und Rechtsbrecher verurteilt wurde.

Götz wurde also nach seinen eigenen Ansichten zu Unrecht, nach dem römischen Gesetz aber zu Recht als Rechtsbrecher und Rebell verurteilt. So edel und selbstlos seine Absichten auch sind, für die menschliche Gesellschaft ist seine Einstellung nicht tragbar.

BEMERKUNG:

Der Schüler hat in diesem Aufsatz die beiden grundverschiedenen Rechtsstandpunkte herausgearbeitet und beurteilt. Er hätte jedoch das menschliche Rechtsempfinden, die menschliche Beurteilung der Taten des Götz noch mit einbeziehen sollen. Die sprachliche Darstellung ist sachlich; sie wirkt jedoch an manchen Stellen etwas schwerfällig, nicht flüssig genug.

AUFGABEN:

1. Kennzeichne die Stellen, die sprachlich nicht treffend genug gestaltet sind, und verbessere sie!
2. Schreibe einen literarischen Fachaufsatz über ein anderes Thema der Klassenlektüre z. B. „Warum sagen die Weber in Gerhart Hauptmanns Drama ‚Das ganze Elend kommt von den Fabriken'?"

[36] Vergleichen Sie den Stil von Hofmillers „Oberberghausen" mit dem von Carossas „Meine Stadt"!

Gliederung

A) Jeder Schriftsteller hat seine eigene Art zu schreiben

B) Stilvergleich zwischen Hofmillers „Oberberghausen" und Carossas „Meine Stadt"

I. „Oberberghausen": stilistische Merkmale:

1. äußere Form:
   a) vorherrschende Wortformen,
   b) Satzbaupläne,
   c) Rhythmus.
2. Absicht des Verfassers

II. „Meine Stadt": stilistische Merkmale:

1. Absicht des Verfassers,
2. äußere Form:
   a) Rhythmus,
   b) vorherrschende Wortformen,
   c) Satzbaupläne.

C) Die Arbeiten sind in den Stilarten geschrieben, die den Absichten des Dichters entsprechen.

Ausführung

Jeder Schriftsteller hat seine eigene Art zu schreiben. So kann ein Dichter ein Thema völlig verschieden wie ein anderer auffassen und deshalb ganz anders gestalten. Ich will als Beispiel Hofmillers „Oberberghausen" und Carossas „Meine Stadt" herausgreifen und versuchen, den Stil der beiden Texte miteinander zu vergleichen.

Hofmillers „Oberberghausen" ist im substantivischen Stil geschrieben. Dadurch erhält das Werk eine betont sachliche Note. Die Verben, die benützt werden, sind einfache; schmückende oder ausmalende Adjektive werden kaum verwendet. Stellen wie „Ringsum breiten sich dunkle Nadelwälder, weiße Birkenstämme leuchten, . . ." sind selten und tauchen erst gegen Schluß auf, wo es gilt, den idyllischen Flecken zu schildern.

Die verwendeten Sätze sind lang, aber klar gegliedert und einfach gebaut. Der Rhythmus, in dem das Werk geschrieben ist, ist langsam, getragen, fast behäbig wie ein Spaziergänger, der langsam und gemütlich diesem romantischen Flecken zustrebt.

Der Verfasser hat sich gerade dieser erwähnten Stilmittel bedient, um zu erreichen, daß der Leser dieses Oberberghausen kennenlernen möchte und es besucht. Damit er es findet, wird vorwiegend am Anfang genau beschrieben, wie man diesen Ort erreicht. Die Absicht des Schriftstellers ist es also nicht, dem Leser die Stimmung zu schildern, die er empfindet, wenn er auf der Bank sitzt und seine Blicke schweifen läßt. Er betrachtet ganz allgemein den Weg.

Anders ist dies bei Carossas „Meine Stadt". Dieser Dichter hat sich einen bestimmten Punkt ausgewählt, von dem aus er die Bilder, die ihn bestürmen, und die Gefühle, die er dabei hat, schildert. Demgemäß ist der Rhythmus, in dem er schreibt, schnell, hastig, gleich einem Auge, das die einzelnen Eindrücke, die es bestürmen, nicht alle auf einmal aufnehmen kann.

Carossa komponiert in Farben. Ausdrücke wie „... wie von lichtestem Weiß ..., ... silberne Schuppen ..., ... die grüne Flut am roten Rade kocht weißen Schaum ..." sind sehr häufig. Er benützt viele Verben (Verbalstil). Die vielen schmückenden, lautmalenden Adjektive wie: „eisenbehelmt, zerfressen, sonnengeschwärzt" sind in Wahrheit Partizipkonstruktionen, also auch Verbformen. Gerade mit den Verben erreicht Carossa diesen bewegten, lebendigen Stil. Außerdem bedient sich Carossa verschiedener Vergleiche und Gegensätze. Die beiden Adjektive „flaggenstolz und wimpelfroh" sind nicht gebräuchlich; sie sollen wohl den Dampfer charakterisieren.

Die Sätze sind lang und nicht so überschaubar und klar wie bei Hofmiller. Das Werk Carossas ist ein Stimmungsbild, mit dem uns der Verfasser seine Eindrücke weitergeben und nachempfinden lassen möchte, die er hat, wenn er auf der Brücke steht und auf die Stadt blickt.

Bezeichnend für die verschiedenen Absichten der beiden Verfasser mit ihren Stücken ist die Tatsache, daß bei Hofmiller der Name des Ortes, den er beschreibt, angegeben ist, während Carossa den Namen dieser Stadt verschweigt. Hofmillers „Oberberghausen" ist also eine Beschreibung des Anmarschweges, an die sich eine einfache Schilderung des Ortes anschließt, während Carossa ein Stimmungsbild einer Stadt gibt, mit all den Mitteln, die einem Dichter zur Verfügung stehen. Man kann jedoch nicht sagen, Carossas Arbeit sei besser als die von Hofmiller. Beide Texte sind in verschiedenen Stilarten abgefaßt, die den Absichten der Schriftsteller entsprechen.

Aufgabe:

1. Lies diese beiden Texte und analysiere den Stil dieser Texte!
2. Prüfe (anhand deiner kritischen Untersuchung), ob im Aufsatz 36 die wesentlichen Merkmale und Unterschiede dieser Texte erfaßt sind!

Lösungsteil*

[2]

F – Dieser Lebenslauf bringt ungenaue Angaben über die eigene Person, andererseits aber manche Mitteilung, die eher in eine Familienchronik paßte.

A – Bei der Verbesserung dieses Lebenslaufes werden die Fehler deutlich:

Ich, Jürgen Bauer, wurde geboren am 13. Mai 1953 in Berlin als erster Sohn des Buchdruckers Josef Bauer und seiner Ehefrau ...., geb. Blank. Von 1956 bis .... wohnten wir in Regensburg. Ich habe einen jüngeren Bruder. Von 1959 bis .... besuchte ich die .... Volksschule in ..... Im September 19... trat ich in das .... Gymnasium in .... ein. Zur Zeit besuche ich die 9. Klasse.

Meine Lieblingsfächer sind ....
Meine Hobbys sind Fußballspielen und Reisen.
Ich will einmal Kunstmaler werden.

[3]

Für die Abfassung eines Bewerbungsschreibens sind folgende Überlegungen notwendig.: Berufsziel, verlangte Schulbildung, Abschlußprüfung, sonstige Voraussetzungen, beruflicher Werdegang, Firmen oder Behörden, die für die Anfangsstellung in Frage kommen.

[4]

F – Die sprachliche Darstellung ist eintönig und nicht gewandt genug (waren es, dazu kam, wurde dann, können durchgenommen werden, es wurde festgelegt, Niederschrift wird geübt werden müssen usw.). Vor allem stört das im Aufsatz sehr häufig verwendete Passiv.

A – Z. B.: Unser Deutschlehrer wiederholte mit uns .... die Aufsatzformen der Unterstufe. – Dabei stellten wir fest, ... – In der

*) F – und A –: Beantwortung der Fragen und Aufgaben aus dem Aufgabenteil.

5. Klasse schreiben die Schüler vor allem Aufsätze in der Erlebnissprache. – Am Beginn der 5. Klasse verlangt der Lehrplan noch die Nacherzählung ...

[5]

Diese Niederschrift ist sehr ausführlich und hält auch Einzelheiten fest. Jeder, der sie liest, weiß über die Klassenleiterstunde genau Bescheid.

[6]

a) Die Beschreibung eines Vorgangs soll in sachlicher Sprache den Ablauf genau wiedergeben, so daß ein Außenstehender den Vorgang jederzeit nachvollziehen kann. Dabei soll jedoch nur erwähnt werden, was jeder tun muß, damit der Vorgang gelingt. Zeitstufe: Präsens! Dieser Aufsatz führt neben den allgemein wichtigen Handgriffen eine Reihe von Handlungen an, die man beim Aufschlagen eines Zeltes auch in anderer Reihenfolge oder anders machen kann; er berichtet also von einem einmaligen, persönlichen Versuch, ein Zelt aufzubauen.

b) ... danach nahmen mein Freund und ich; darauf warf ich mit Hilfe meines Bruders die Zeltbahn darüber; mein Bruder rief nach Heringen, die mein Freund auch sofort brachte; zu dritt machten wir uns an die Arbeit; während mein Freund und ich das Innenzelt am Boden ausbreiteten, stieß mein Bruder die Mittelstange durch die Öse; aber mit Hilfe meines Bruders kamen wir schneller voran ... usw.

1. wir ebneten den Platz für unser Zelt etwas; wir suchten eine einigermaßen ebene Stelle, wir wählten eine einigermaßen ebene Stelle aus; in dem je ein Enddreieck; mit einer Querstange und einer senkrechten Stange; wir strichen die Zeltbahn glatt; nun mußten wir; als alle Flächen straff waren; nun befestigten wir zwei Stangen an jedem Ende des gebogenen Mittelstücks vom Vordachgestänge; anschließend befestigten wir Schnüre an den Stiften.

2. Lies dazu die Anleitung auf Seite 36 nach!

3. Beachte bei diesem Thema, daß du nicht beschreiben sollst, wie ein Zelt abgebaut wird, sondern daß du berichten sollst, wie ihr beim Abbau des Zeltes vorgegangen seid! Berichte über alle Handgriffe in der richtigen Reihenfolge! Vermeide wörtliche Reden und Ausrufe, die zum Erlebnisstil gehören, damit du nicht aus dem sachlichen Bericht in eine Erlebniserzählung gerätst!

[7]

a) Die Reihenfolge der Gedanken ist falsch, denn der Leser muß zunächst wissen, zu welchem Zweck gepackt werden soll (Seereise, Flugreise, Verwandtenbesuch, im Winter, im Sommer).

b) Diesen Stellen fehlt entweder die Genauigkeit bzw. Treffsicherheit im Ausdruck (z. B. mit Fett putzen), oder es stört die Wiederholung im Ausdruck (noch – noch; so nehme ich; nahm ich).

c) Ja, der Stoff ist nach Sachgruppen gegliedert und ausführlich dargestellt. Der Schüler gibt an mehreren Stellen auch Begründungen, weshalb er das so macht bzw. die Gegenstände so verpackt hat.

d) bei I. 1. d); I. 3. c) + d); I. 5. a).

1. Im Januar fuhr ich mit meiner Klasse zum Skikurs. Bevor ich meinen Rucksack packte, schrieb ich mir auf einer Liste zusammen, was ich alles mitnehmen mußte, damit ich nichts Wichtiges vergaß. Dann fing ich an zu packen.

2. ... eine Liste dessen, was ich brauchte; woran ich noch denken mußte; dann legte ich noch ... dazu; an Wäsche und Kleidungsstücken fehlte nun nichts mehr; nun packte ich Seife ... in eine kleine Tasche; aus der Garage holte ich Skier ...; nahm ich einen Kugelschreiber aus der Schublade; ich fettete die Skistiefel tüchtig ein (ich rieb sie mit Fett ein); für die Unterhaltung nahm ich ein Buch und ein Radio mit; ich packte eine Tafel Schokolade und ein paar andere Süßigkeiten ein; um die Ausweise nicht zu vergessen, legte ich sie bereit; den Personalausweis, damit ich nach Österreich einreisen durfte, und meine Schülerfahrkarte nach München, die ich brauchte, um in die Schule fahren zu können; die weichen Kleidungsstücke sollen so verstaut werden, daß sie beim Tragen des Rucksacks auf der Seite sind, die am Rücken liegt; um sicher zu sein, daß ich nichts vergessen hatte, kontrollierte ich ...; denn ich wußte, daß ich alles gepackt hatte; dann fuhr ich zur Schule, und dort traf sich unsere Klasse.

4. Zunächst mußt du in einer Stoffsammlung zusammenstellen, was ihr mitgenommen habt. Ordne die Gegenstände und suche für jede Gruppe einen Oberbegriff! Stelle die Reihenfolge für den Aufsatz auf! In der Einleitung wirst du das Urlaubsziel nennen und betonen, wie wichtig das Gepäck ist. In der Ausführung wirst du bei den einzelnen Gegenständen auch gelegentlich begründen, warum sie mitgenommen wurden (für Regentage, Ausflüge, Bergwanderungen, kalte Tage usw.).

Schreibe auch dazu, wo die Gegenstände untergebracht wurden. Im Schluß wirst du vermerken, ob sich dieses Packen im Urlaub bewährt hat.

[8]

Gliederung

A) Skier aus dem Keller geholt.

B) Ich überprüfte und ergänzte meine Skiausrüstung:

I. Ich überprüfte die Skier:

1. Ich nahm die Skier auseinander.
2. Ich überprüfte meine zwei Skier einzeln.
3. Ich überprüfte die Lauffläche.
4. Ich überprüfte die Beschläge.

II. Ich behob die Mängel an den Skiern:

1. Ich reparierte den Beschlag.
2. Ich zog lockere Schrauben der Stahlkanten nach.

III. Ich überprüfte die Bindung:

1. Ich paßte die Skischuhe ein.
2. Ich zog die Schrauben der Bindung fest.
3. Ich schnallte die Skischuhe auf.

IV. Ich überprüfte die Skistöcke.

C) Die Skiausrüstung war wieder in Ordnung.

[9]

1. Ein Mercedes-Lieferwagen unbekannten Baujahres stieß an einem unbeschrankten Bahnübergang bei Burglengenfeld mit einem Diesel-Triebwagen der Bundesbahn zusammen. Der Fahrer hatte das rote Blinklicht nicht beachtet. Die Blinkanlage hatte einwandfrei funktioniert. Der Lieferwagen wurde bei dem Zusammenstoß völlig zertrümmert und mußte durch einen Bergungskran geborgen werden. Der schwerverletzte Fahrer des Fahrzeuges wurde von einem PKW-Fahrer ins nächstgelegene Krankenhaus befördert. Am Triebwagen entstand geringer Sachschaden; von den Fahrgästen des Triebwagens wurde niemand ernstlich verletzt.

2. *Gliederung*

A) Verkehrslage

B) Der Unfall:

I. Zusammenstoß Auto – Triebwagen,
II. Abtransport des Verletzten,
III. Sachschaden,
IV. Bergungsarbeiten.

C) Freigabe für den Verkehr.

(Die Gliederung macht deutlich, daß im Aufsatz die einzelnen Punkte nicht genau getrennt wurden.)

3. Mein Vater und ich fuhren mit unserem Volkswagen auf einer Landstraße in der Nähe ...; das rote Blinklicht unter dem Warnkreuz ...; durch einen Hügel neben der Straße ...; in voller Fahrt befanden ...; völlig zertrümmert („vollkommen" hat einen anderen Sinn – „Vollkommenheit"!); ... Ladefläche mit der Hinterachse ...; keine Ladung hatte ...

[10]

Dieser Aufsatz berichtet nicht über einen Vorgang, ein Ereignis oder ein Geschehen (Unfall, Lawinenunglück, Hauseinsturz, Bergrutsch), sondern über Plan, Bau und Schicksal eines Kunstwerkes. Der Bericht führt Zitate und die benützten Stellen an, so daß die Richtigkeit der angeführten Behauptungen jederzeit nachgeprüft werden kann.

In diesen Bericht ist auch eine knappe Beschreibung des Brunnens eingearbeitet, damit sich der Leser den Brunnen in groben Zügen vorstellen kann.

Diesen Aufsatz kann man bereits als Vorstufe für die umfangreichere und schwierigere Facharbeit der Oberstufe bezeichnen.

[11] und [12]

1. Der erste Aufsatz ist besser; er gibt die Zusammenhänge klar und verständlich wieder und führt die wichtigen Punkte der Handlung an. Auch die sprachliche Darstellung ist gewandter und flüssiger als im zweiten Aufsatz.

Der zweite Aufsatz beginnt unvermittelt; ein einleitender Gedanke fehlt. Vielen Stellen fehlt der Zusammenhang; wesentliche Punkte fehlen, andere sind nicht in der richtigen Reihenfolge angeführt. Die sprachliche Darstellung ist schwerfällig, an mehreren Stellen unklar.

Substantive beherrschen den Sprachstil dieser Arbeit anstatt der flüssigeren, leichter erfaßbaren Verben.

2. Das Schiff (welches?); nach ihrer Schule zurück (nach dem Unterricht? Wo sind die Jungen?); stellt sich die Gefangennahme ... heraus (wie stellt sie sich heraus? für wen?); Schicksal des Funkers nicht erwähnt; die Freunde werden zur Rede gezwungen (unverständlich); ... schlägt dem Revolverhelden ... auf die Hand. Inzwischen ist die „Tai-An" stark vom Kurs abgewichen. Mit vereinten Kräften wollen die Bandenmitglieder ... (die Reihenfolge stimmt nicht); was jetzt kommt, braucht man nicht mehr zu erwähnen (dieser Satz ist sinnlos, denn Unwichtiges läßt man bei einer Inhaltsangabe ohnehin weg. Aber die Tatsache, daß Tub Schiff und Besatzung gerettet hat, ist durchaus wert, am Schluß erwähnt zu werden)!

3. Lies das Lesestück aufmerksam durch und achte dabei auf die Stellen, die für die Erzählung bzw. Handlung wesentlich sind! Das Wesentliche kannst du nur erkennen, wenn du den Sinn der Erzählung verstanden hast. Denke deshalb vor Beginn der Arbeit über den Sinn nach! Versuche, das Wichtigste jedes Abschnittes in einem kurzen Satz festzuhalten! Diese Sätze bilden den Kern der Inhaltsangabe. Du mußt nur noch die sinngemäße sprachliche Verbindung herstellen.

[13]

a) Die Einleitung nimmt die Inhaltsangabe in Kurzfassung vorweg statt sie vorzubereiten.

b) Der Schlußabschnitt bringt eine persönliche Stellungnahme des Schülers, ein abschließendes Urteil. Solch ein wertender Schluß ist vor allem bei Inhaltsangaben von größeren Erzählungen angebracht, wird aber von vielen Deutschlehrern bei jeder Inhaltsangabe verlangt.

A – Lies die Novelle und überlege dir bei jeder Seite, was für den Fortgang der Handlung wichtig war! Schreibe diese Punkte auf! Am Schluß jedes Kapitels überlegst du, welche Punkte mehrmals vorkommen und welche dir unwesentlich erscheinen. Diese Gesichtspunkte streichst du! Überprüfe deinen Stichwortzettel, wenn du die ganze Novelle gelesen hast, ob du alles Wesentliche erfaßt hast! Schreibe die Inhaltsangabe, nachdem du die Anleitung Seite 29 gelesen hast!

In der Einleitung wirst du den Dichter vorstellen, im Schluß deine persönliche Meinung wiedergeben.

[14]

1. Diese Inhaltsangabe ist inhaltlich und sprachlich gut gelungen. Sie führt die wichtigen Gesichtspunkte an; nur die Verlobung zwischen Elke und Hauke hat der Schüler übergangen.

2. Einleitung: In Theodor Storms Novelle „Der Schimmelreiter“ erzählt ein alter Schulmeister in einer Sturmnacht die Geschichte von Hauke Haien, der vom armen Jungen zum Deichgrafen aufsteigt.

3. Kennzeichne beim Lesen der Novelle die Stellen, die zu deinem Thema Wesentliches aussagen! Lies die Anleitung für die Erörterung auf Seite 49!

[15]

b) Ja! Wer diese Beschreibung aufmerksam liest und das Spiel „Weltreise“ nicht kennt, erfährt die Spielregeln und weiß, was er beachten muß, denn im Aufsatz erfährt er ja alles Wesentliche über das Spiel. Die wichtigen Gesichtspunkte sind sehr klar und in der richtigen Reihenfolge angeführt.

c) Der Aufsatz berichtet nicht über ein einmaliges Erlebnis mit all seinen Zufälligkeiten (siehe Seite 17 „Wir schlugen unser Zelt auf“), sondern gibt genaue Anweisungen, die Spielregeln, nach denen irgend jemand jederzeit das Spiel erlernen kann. Ein Bericht müßte dem Leser mitteilen, wie ein solches Gruppenspiel an einem bestimmten Tag mit bestimmten Personen verlief, was falsch gemacht wurde, wer gewann usw.

A – Lies dazu auf Seite 17 nach, was du bei der Abfassung eines Berichtes beachten mußt!

[16]

F – Der dritte Abschnitt (Jetzt ist mein Vater am Spiel) berichtet von einem bestimmten Spiel, damit berührt er sich mit dem Bericht. Allerdings fügt der Schüler alle wichtigen Erläuterungen ein (Beschreibung).

A – Der nächste Spieler muß zunächst eine Karte ... nehmen. Letzter Satz: Kauft der Spieler den Abwurfstoß ... Alle übrigen Sätze können unverändert bleiben.

[17]

1. Abschnitte im Hauptteil:

Inzwischen ist das Wachs in einer Blechbüchse ...

Ist die Seide bis auf die später roten Blumen gut eingewachst ...

Nach etwa 15 Minuten kommt der Schal aus dem Wasser ...

Jetzt erst treten die eingefärbten Farben zutage ...

2. Meine Mutter hilft mir dabei. – Während sie ... Nun benötige ich meine Mutter nicht mehr ... Nun muß meine Schwester ...

[18]

a) Der Aufsatz verbindet die Beschreibung eines Raumes mit der Erlebniserzählung. Er wirkt dadurch lebendig und anschaulich.

b) Dieser Aufsatz ist keine ausgesprochen sachliche Beschreibung, die nur zeigen will, wie der Raum aussieht. Während eines anschaulich erzählten Erlebnisses betrachtet der Verfasser seine Umgebung, das Zimmer, und beschreibt sie.

1. Vermeide bei der Beschreibung eines Zimmers das Aufzählen aller Gegenstände! In der Einleitung kannst du die Lage deines Zimmers erklären. Im Hauptteil beginnst du mit dem „Blickpunkt" des Zimmers, dem Wichtigsten, auf das dein Blick beim Betreten des Zimmers fällt. Dann beschreibst du das Nebeneinander im Raum, die Möbel, Vorhänge, Leuchter, Bücher usw. Mit einem Gesamteindruck schließt du die Beschreibung ab. Im Schluß kannst du deiner Zufriedenheit oder Unzufriedenheit Ausdruck geben, eventuell Pläne für die Zukunft andeuten.

2. Bei der Beschreibung des Physik- oder Chemiesaals kommt es darauf an, das Charakteristische zu beschreiben.

Bedenke dabei immer, daß es sich um eine Darstellung in der Sachsprache handelt, nicht um eine Schilderung des Raumes!

[19]

a) Der Schüler beschreibt die Gegenstände, die in diesem Geschäft ausgestellt sind, recht gut. Er hat auch angeführt, wie sie angeordnet sind, wo sie stehen. Man kann sich durchaus vorstellen, wie diese Auslage aussieht.

b) Die sprachliche Darstellung des Aufsatzes ist an mehreren Stellen etwas eintönig, nicht treffend genug bzw. nicht gebräuchlich (z. B. Auslagescheibe, rundvoll verziert, die Decke des Schaufensters).

c) Der Schreiber versucht, anschaulich darzustellen, gerät dabei aber an mehreren Stellen in die Schilderung. Auch auf den Verwendungszweck der Gegenstände geht er ein, Vermutungen werden geäußert, um die Beschreibung lebendiger zu gestalten.

d) Einleitung und Schluß umrahmen die eigentliche Beschreibung und lassen sie als Teil eines persönlichen Erlebnisses erscheinen.

A – Befindet sich, besser: liegt; Auslagescheibe: Auslage, Schaufensterscheibe; schräg daneben: am Fußboden; bei dem einen scheint es: der Griff scheint locker zu sein; rundvoll: kunstvoll? Decke des Schaufensters: an die Oberkante des Schaufensters.

[20]

Das Rahmenthema zu diesem Aufsatz hieß „Ein Münchner Brunnen". Die Schüler konnten den Brunnen und die Stilform, in der sie ihn darstellen wollten, frei wählen.

Bei Aufsätzen dieser Art ist es sehr wichtig, die Quellen genau anzugeben, aus denen die Kenntnisse bezogen werden. Eine genaue Quellenangabe ist keine Minderung des Wertes der Arbeit, sondern zeigt Gewissenhaftigkeit und Ehrlichkeit des Verfassers. Bei wissenschaftlichen Arbeiten sind die Quellenangaben unentbehrlich.

[21]

a) Die Einleitung bringt bereits die übertragene Bedeutung dieses Sprichwortes, sollte aber nur zum Thema hinführen. Im Hauptteil sind der wörtliche und der übertragene Sinn klar und knapp erklärt.

b) Die angeführten Beispiele sind gut ausgewählt und überzeugend entwickelt.

Gliederung

A) Gedanke, der zum Thema führt.

B) Wer den Kern haben will, muß die Schale knacken.

I. Sinn des Sprichworts:
1. wörtlicher Sinn,
2. heutiger Sinn.

II. Beispiele:
1. Sport (Bergsteiger),
2. Schule,
3. Forschung.

III. Ähnliche Sprichwörter

C) Viele Menschen handeln nicht nach dem Sinn des Sprichworts.

[23]

a) Ja! Der Schüler hat in seinem Aufsatz ausführlich die wesentlichen Gesichtspunkte und Forderungen angeführt, die man beachten muß, wenn man eine gute Erörterung schreiben will. An einigen Stellen hätte er durch ein praktisches Beispiel den Aufsatz noch klarer und überzeugender gestalten können.

b) Die Gliederungspunkte sind logisch durchdacht und gut geordnet.

1. Lies dazu die entsprechenden Anleitungen bei den betreffenden Aufsatzformen in diesem Band!

2. Lies dazu die entsprechenden Anleitungen im Band I der „Aufsatzformen der Mittelstufe"!

3. Absender, Ort, Datum, passende Anrede, Großschreibung der Anredefürwörter, passende Schlußworte, übersichtliche Verteilung des Textes, ordentliche Schrift, Höflichkeit, dem Empfänger und dem Zweck des Briefes angemessene Sprache, treffende Ausdrücke, klarer Satzbau.

[24]

F – Z. B. . . . fisele Hausaufgaben durch = arbeite sie genau durch – im Unterricht fest rühre = lebhaft mitarbeite usw.

A – Du mußt begründen, weshalb du bei der Vorbereitung auf eine Schulaufgabe alle die angeführten Punkte beachten mußt. Weshalb mußt du z. B. für eine Schulaufgabe in den Fremdsprachen Wörter und Grammatik wiederholen sowie verbesserte Hausaufgaben durchlesen? Um festzustellen, was du noch nicht weißt, um Vergessenes aufzufrischen, um dir bestimmte sprachliche Formen und Wendungen einzuprägen usw., denn all das ist ja der Stoff, der in der Schulaufgabe geprüft wird.

[25]

a) Bei III. 2.

b) In dem Moment, wo der monotone Alltagsmensch – sein Nachttischlämpchen anmacht – steht er ihr (der Technik) ratlos gegenüber – Satzbaufehler: . . . wie stark er und (daß er) ohne sie . . .

c) Nein, dieser Aufsatz erörtert die Kernfrage des gestellten Themas nicht. Der Schüler zählt nur Behauptungen auf, ohne zu begründen, inwiefern wir von der Technik abhängig sind. Die Gedanken der Einleitung gehören in den Hauptteil. Der Satzbau ist an mehreren Stellen übermäßig lang bzw. falsch. Der Aufsatz ist eine mangelhafte Gesamtleistung. Im Ausdruck sind erhebliche Schwächen.

1. Wenn die Stromversorgung in einer Großstadt zusammenbricht, spüren wir, daß wir von der Technik abhängig sind: automatische Ölheizung fällt aus, keine andere Heizmöglichkeit, also müssen wir frieren; Kühlanlagen ohne Strom: Lebensmittel verderben, keine Kochmöglichkeit, keine Beleuchtung usw.

2. Welche Nachteile bringt das Leben in der Millionenstadt München für die Bewohner mit sich?

Gliederung

A) Viele Vorteile hat das Leben in München für seine Bewohner.

B) Wer sich jedoch mit offenen Augen umsieht, wird feststellen, daß es auch viele Nachteile mit sich bringt.

I. Nachteile für den Verkehrsteilnehmer:

1. Für den Straßenbahnfahrer:
   a) überfüllte Straßenbahnen,
   b) 1,– DM Fahrkosten, wenn man in die Innenstadt fahren will.
2. Für die Autofahrer:
   a) enge Straßen, da alles wie vor dem Krieg aufgebaut wurde (Rindermarkt),
   b) Trambahn stört den Verkehr (Maffeistraße).
3. Nachteile für die Radfahrer:
   a) in der Innenstadt kein Radweg,
   b) unheimlicher Verkehr gefährdet die Radfahrer.

II. Nachteile für die Schüler:

1. Überfüllte Schulen:
   a) Schüler müssen oft auf andere Schulen verwiesen werden,
   b) in den Volksschulen zu große Klassen.
2. Gefährlicher Schulweg:
   Kleine Kinder müssen Hauptverkehrsstraßen überqueren.
3. Nachteile für Fußgänger:
   a) zu enge Gehwege in der Innenstadt,
   b) in den Hauptverkehrszeiten kann man kaum mehr die Straße überqueren, da wenige Unterführungen.

III. Sonstige Nachteile:
  1. Schlechte Luft:
    a) bei Nebel durch die Heizkraftwerke und Fabriken,
    b) Autos verpesten die Luft.
  2. Großer Lärm:
    a) auf Baustellen wird nachts gearbeitet,
    b) Verkehrslärm.

C) Viele Nachteile; warum trotzdem so großer Zuzug?

[26]

a) Die Einleitung soll den Leser zum Thema hinführen, ihn auf das Thema vorbereiten. Diesen Zweck erfüllt die Einleitung.

b) Diese Einleitung geht vom „Gegensatz“ aus, d. h., sie spricht von den Nachteilen, in diesem Fall von den Mängeln des neuen Schulgebäudes. Dies ist bei vielen Themen eine sichere Methode, eine brauchbare Einleitung zu finden.

c) Der Schluß knüpft an die in der Einleitung erwähnten Mängel an, stellt sie den großen Vorteilen gegenüber und fordert auf, sich an den Vorzügen des neuen Gebäudes zu freuen.

[27]

Stoffsammlung mit Hilfe der „W-Fragen“:

Wann greift die Polizei ein? – Bei Verkehrsstauungen, Unfällen, Streitigkeiten, Verbrechen usw. *Weshalb?* – Um Verkehrsstauungen zu beseitigen, um die Ordnung aufrechtzuerhalten oder wiederherzustellen, um Menschen zu schützen oder zu retten, um das Einhalten von Vorschriften und Gesetzen zu gewährleisten, um Verbrechen zu verhindern, um Verbrecher festzusetzen usw. *Wie* greift die Polizei ein? – Durch Verkehrsregelung, durch Sicherung von Spuren, durch Festnahmen usw. *Wer? Wo?* Ordne die Punkte der Stoffsammlung, die zur Kernfrage des Themas Wesentliches beitragen, zu einer Gliederung! Suche einen Einleitungs- und einen Schlußgedanken! Schreibe die Erörterung der Themenfrage und begründe deine Behauptung durch überzeugende Beispiele!

[28]

1. Z. B. beim dritten Abschnitt des Hauptteils: Der Schüler schreibt in den ersten zwei Abschnitten von den unmittelbaren Folgen der

Dampfmaschine; im dritten Abschnitt führt er die mittelbaren Folgen an. Hier müßte er zunächst die gedankliche Verbindung zu den beiden vorausgehenden Abschnitten herstellen. (Z. B.: neben diesen jedem erkennbaren unmittelbaren Auswirkungen der Dampfmaschine hatte sie auch mittelbare Folgen, die man auf den ersten Blick nicht dieser neuen Erfindung zuschreibt. Eine indirekte Folge . . . ist der Aufschwung des Handels.)

2. *Gliederung*

A) Oft wird vom Fluch der Technik gesprochen.

B) Worin siehst du den Segen der Technik für die Menschen unserer Zeit?

I. Sie hilft, Brachland für den Menschen nutzbar zu machen.

1. Beim Urbarmachen von ungenütztem Land hilft uns die Technik:
   a) Bulldozer,
   b) Planierraupen,
   c) Sägen.
2. Sie macht indirekt unfruchtbaren Boden fruchtbar:
   a) Düngemittelindustrie,
   b) Bewässerungsanlagen.

II. Sie verlängert das Leben der Menschen.

1. durch modernste Maschinen:
   a) Herz-Lungenmaschine,
   b) Adernähgeräte,
   c) Eiserne Lunge.
2. dadurch, daß durch sie die Krankheitserreger sichtbar werden (Elektronenmikroskop).

III. Sie erleichtert die Arbeit.

1. im Haushalt durch:
   a) Wasch- und Bügelmaschine,
   b) Küchenmaschinen,
2. in der Landwirtschaft:
   a) Zugmaschinen,
   b) Mähdrescher,
   c) Förderbänder.

3. am Bau:
   a) Kräne,
   b) Betonmaschinen.

IV. Allgemeine Hilfe durch die Technik.
   1. Segen für alte Menschen:
      a) Fernsehen,
      b) Radio,
      c) Aufzug.
   2. Hilft uns in Notfällen:
      a) Telefon,
      b) Telegrafie.

V. Hat uns Energiequellen eröffnet:
   1. Dampf,
   2. Strom,
   3. Atom.

C) Es liegt am Menschen, ob die Technik zum Segen oder zum Fluch wird.

[29]

F – Die sprachliche Darstellung ist ziemlich eintönig, da gewisse Wörter in den einzelnen Abschnitten wiederholt werden. Autofahrer fahren nicht aus „Unkenntnis der Verkehrsregeln“ bei Rot über die Kreuzung!

A – 1. Z. B.: Sinnvoll ist nur ein regelmäßiger Verkehrsunterricht ... In der ersten Woche lernt der Schüler ... Zur Auflockerung könnte ein Polizist ... Diese Filme mahnten sicher zur Vorsicht ... Erzählt der Verkehrserzieher jedoch ... Der Schüler kann hier zeigen .. Wenn er die Regeln anwendet ... Er muß z. B. lernen ... usw.

2. Beachte dabei folgende Hauptpunkte: Verkehrssicherheit des Fahrzeugs, Sicherheit und Gewandtheit im Lenken des Fahrzeugs, Kenntnis und Beachtung der Verkehrsregeln, Beachten körperlicher Schwächen, Medikamente und Alkohol, geistiger und seelischer Zustand, Verkehrsgesinnung, innere Einstellung zum Mitmenschen!

[30]

1. Weitere Gedanken zum Thema:

Ferien nötig, um Stoff des letzten Schuljahres zu wiederholen, zu ergänzen, Bücher zur Weiterbildung zu lesen; die Eltern können dir genug Taschengeld geben; daher Ferienarbeit für dich nicht nötig;

wenn ein Schüler arbeitet, hat er größere Ausgaben (zusätzliches Essen, Kleidung, Fahrtkosten).

Ferienarbeit ist sinnvoll als Ausgleich für die einseitige geistige Belastung in der Schulzeit; das Kennenlernen anderer Menschen, die völlig neue Umgebung bringen auch Entspannung usw.

3. Soll meiner Meinung nach die Fünftagewoche in der Schule eingeführt werden?

Gliederung

A) Fast alle Arbeitnehmer haben die Fünftagewoche.

B) Soll die Fünftagewoche in der Schule eingeführt werden?

I. Vorteile:

1. mehr Erholung:
   a) Zeit für Hobbys,
   b) Zeit für Wanderungen und Ausflüge,
   c) Zeit zum Ausruhen zu Hause.
2. nützliche Verwendung des freien Wochenendes:
   a) Erledigung von Einkäufen,
   b) Verrichtung von Arbeiten in Haus und Garten,
   c) Verdienen von Taschengeld,
   d) Wiederholen des Lehrstoffes, Weiterbildung,
   e) Besuch kultureller Veranstaltungen.

II. Nachteile:

1. größere Belastung in der Schule:
   a) gleicher Stoff an weniger Unterrichtstagen,
   b) weniger Übungsmöglichkeiten in der Schule,
   c) mehr Unterrichtsstunden an den übrigen Tagen.
2. Freizeit wird nicht sinnvoll genützt:
   a) große Wochenendausflüge (abgespannt am Montag),
   b) Aufkommen von Langeweile,
   c) Arbeitsrhythmus gestört durch langes Wochenende.
3. Wochenendverkehr nimmt zu:
   a) Verkehrsstauungen,
   b) zunehmender Kolonnenverkehr,
   c) zu große nervliche Belastung.

III. Einführung der Fünftagewoche nur für die Oberstufe.

C) Im Jahre 2000 gibt es vielleicht nur mehr die Viertage-Woche.

[31]

F – Im 5. Abschnitt des Hauptteils ist die Beweisführung schief, da der Gesichtspunkt der „kostspieligen Tanzveranstaltung“ völlig übergangen wird. Der Schüler bzw. die Schülerin hätte feststellen sollen, daß Partys im allgemeinen für die Teilnehmer billig sind, da jeder etwas beisteuert an Essen, Trinken, zur Ausschmückung des Raumes, daß aber der Hauptzweck, das Tanzen, hier genauso erreicht wird wie auf einer kostspieligen Tanzveranstaltung, sogar in noch persönlicherem Rahmen.

Im 6. Abschnitt fehlt die Folgerung, was es zu bedeuten hat, daß z. B. ein Talent im Singen oder im Unterhalten der Gäste entdeckt wird (spontane Unterhaltung und Geselligkeit, Möglichkeit, weitere Veranstaltungen vorzubereiten, andere Einschätzung und Achtung bisher nicht oder wenig beachteter Teilnehmer der Party).

A – 1. *Gliederung*

A) Ich erhalte eine Einladung für eine Party.

B) Was ich von Partys halte.
   I. Gründe, die gegen eine Party sprechen:
   1. Eine Party kann ausarten.
   2. Der Alkohol kann die Verkehrsteilnehmer gefährden.
   II. Gründe, die für eine Party sprechen:
   1. Das zwanglose Beisammensein ist schön.
   2. Das Tanzen spielt eine große Rolle.
   3. Jeder darf bei der Gestaltung und Vorbereitung mithelfen.

C) Selbstbewußtsein und innere Sicherheit werden auf Partys gestärkt.

2. Schreibe für deine Neubearbeitung des Themas eine bessere Gliederung!

3. Worin siehst du die Gründe für das oft rüpelhafte Verhalten junger Menschen?

Gliederung

A) Oft sieht man junge Leute sich rüpelhaft benehmen.

B) Was für Gründe haben sie?
   I. Geltungssucht:
   1. um sich vor Freunden zu „produzieren“,

2. um Freundinnen zu imponieren,
3. um den Erwachsenen gleichgestellt zu werden.

II. Sie fühlen sich Erwachsenen überlegen, weil sie fortschrittlicher sind.

III. Mangelnder Respekt:

1. schlechte Erziehung,
2. körperliche Züchtigung verboten.

C) Auch die Eltern sind oft schuld; sie sollen den jungen Leuten beibringen, daß Rüpelhaftigkeit von Schaden ist.

In dieser Gliederung eines Schülers fehlen einige Gesichtspunkte, z. B. Protest gegen die bestehenden festen Formen, jugendlicher Übermut, überschüssige Kraft, Ausgleich für innere Unsicherheit, Verhalten in der Masse, Reiz des Verbotenen, mangelnde Einsicht usw.

Arbeite diese und andere Gründe für das oft rüpelhafte Benehmen junger Menschen in obige Gliederung ein!

[32]

Gliederung

A) Das Führen von Tagebüchern wird vielfach abgelehnt.

B) Soll man ein Tagebuch führen?

I. Schwierigkeit des Problems, verschiedene Formen des Tagebuchs.

II. Kritikloses Aneinanderreihen von Gegebenheiten:

1. Vorzüge: Historisches Verhältnis zu sich selbst – Lebensweisheit.
2. Nachteile: Die reinen Tatsachen sind oft unwichtig – Tagebuch ist überflüssig.

III. Aussprache:

1. Vorteil: Verinnerlichung.
2. Nachteil: Parteilichkeit und Gedächtnis in falscher Weise beeinflußt.

IV. Synthese aus den beiden ersten Arten – Rechenschaftsbericht:

1. Selbstprüfung,
2. Mittel zum bewußten Leben.

C) Tagebuch zur Persönlichkeitsbildung eine große Hilfe; Themafrage wird deshalb mit Ja beantwortet.

[33]

1. *Gliederung*

A) Bezugnahme auf den letzten Brief des Freundes.

B) Soll man bei freier Entscheidung nach der 10. Klasse die Schule verlassen?

I. Vorteile des Eintritts in das Berufsleben nach der 10. Klasse:
1. geregelte Arbeitszeit,
2. freier Samstag,
3. berufliches Ziel vor Augen,
4. Verdienst.

II. Nachteile:
1. nicht viel Urlaub (im Gegensatz zu den Ferien),
2. keine eigene Einteilung der Arbeitszeit möglich,
3. keine voll abgeschlossene Schulausbildung,
4. manche Berufe nicht zugänglich.

III. Rat an den Freund:
Fortführung des Schulbesuches bis zum Abitur.

IV. Vorschlag einer gemeinsamen Radtour über Ostern.

C) Abschluß des Briefes mit der Vereinbarung eines Treffens.

2. *Gliederung*

A) Zahl der Studenten steigt ständig.

B) Lohnt es sich heute noch, einen Beruf zu ergreifen, der ein jahrelanges Studium erfordert?

I. Was spricht gegen ein Studium?
1. Kein Verdienst während des Studiums,
2. man wird alt, ehe man etwas verdient,
3. kann erst spät eine Familie gründen,
4. gute Verdienstmöglichkeiten für Nichtakademiker,
5. in einigen akademischen Berufen schlechte Berufsaussichten,
6. Universitäten überfüllt (schlechte Ausbildungsmöglichkeiten),
7. schwierige Prüfungen,
8. große Verantwortung im Beruf,
9. sinkendes Ansehen der Akademiker.

II. Was spricht für ein Studium?
1. Späte Entscheidung für Berufsziel,
2. Vielfalt der Studienrichtungen,
3. steigende Anforderungen an Ausbildung,
4. neue Forschungs- und Berufszweige, die Studium erfordern,
5. gute Ausbildung ist beste Kapitalanlage,
6. größerer Weitblick,
7. Aufstieg in leitende Stellungen möglich.

III. Meine Meinung:
Ein Studium lohnt sich heute mehr denn je, trotz der hohen Kosten und Belastungen, die das Studium mit sich bringt.

C) In unseren Tagen ist Weiterbildung bis ins Alter unerläßlich.

[34]

Der Schreiber des Aufsatzes bezieht sich im ersten Satz auf die Überschrift. Die Novelle müßte in der Einleitung erwähnt werden.

[35]

1. Z. B.: Es hätten sich doch ... (Die Ritter hätten sich doch); beantragen haben könnte ... (hätte beantragen können ...); durch die Gefangennahme des Weislingen zu verurteilen ... (wegen der Gefangennahme ...).

2. Warum sagen die Weber in Gerhart Hauptmanns Drama „Das ganze Elend kommt von den Fabriken"?

Gliederung

A) Spinnmaschine und Dampfmaschine werden erfunden.

B) Die Weber sagen: „Das ganze Elend kommt von den Fabriken",

I. weil uns die Maschinen das Elend bringen:
1. Sie nehmen uns die Arbeit,
2. sie arbeiten sauberer
3. und billiger.

II. Weil die Fabriken die Weber ausnützen, denn
1. es herrscht ein Arbeiterüberschuß,
2. weil die Fabrikanten schnell zu Reichtum kommen wollen.

III. Was verstehen die Weber unter „das ganze Elend“?
   1. Materielle Not,
   2. die Sorge um die Zukunft,
   3. sie suchen das Elend durch die Maschinen zu erklären,
   4. die seelische Not der Weber.
IV. Ein Vergleich EWG und „Weber“.

C) Die Weber beurteilen die Notlage zu einseitig.

[36]

2. Dieser Stilvergleich erfordert eine gründliche Textanalyse, um die wesentlichen Merkmale des Stils dieser beiden Texte erkennen und zusammenstellen zu können. Erst dann ist ein Vergleich des Stils dieser Texte möglich.

Der Verfasser dieses Aufsatzes stellt wichtige Besonderheiten und kennzeichnende stilistische Merkmale dieser Texte zusammen und zeigt auf, wodurch sie sich voneinander unterscheiden. Er versucht auch herauszuarbeiten, weshalb die Verfasser diese Texte verschieden gestaltet haben; allerdings enthält der Aufsatz dafür nur Ansätze — aber recht brauchbare! Um die Richtigkeit seiner Feststellungen überzeugend beweisen zu können, hätte der Schüler mehr Belegstellen aus den Texten anführen sollen. Auch ein abschließendes Urteil, ob die Verfasser dieser beiden Texte die von ihnen beabsichtigte Wirkung beim Leser erzielen, würde man bei diesem Stilvergleich erwarten.

Insgesamt ein brauchbarer erster Versuch!